⑳ 美容の仕事
美容師、エステティシャン、ネイルアーティスト
ビューティーアドバイザー、化粧品研究者、美容皮膚科医

第4期 全7巻

㉑ エコの仕事
再生可能エネルギー電力会社広報
フードバンク職員、エシカル商品の企画
国立環境研究所研究員、リサイクル商品ブランディング
フェアトレードコーディネーター

㉒ 鉄道の仕事
鉄道運転士、鉄道運輸指令員、鉄道車両製造、駅弁開発
乗り換え案内サービスシステム開発、鉄道カメラマン

㉓ アートの仕事
クリエイティブソリューション営業、学芸員
イラスト投稿サイトプランナー、画材研究開発
絵画修復士、アートディレクター

㉔ 法律の仕事
裁判官、弁護士、検察官、弁理士、労働基準監督官
サイバーセキュリティ対策本部警察官

㉕ ベビーの仕事
産婦人科医、ベビーカー開発、液体ミルク開発
プレイリーダー、ベビー服デザイナー、病児保育士

㉖ エンタメの仕事
テーマパークスーパーバイザー、舞台衣裳スタッフ
映画配給会社宣伝、音楽フェスグッズ企画
インターネットテレビ局チャンネルプロデューサー
チケット仕入営業

㉗ 防災の仕事
災害対応ロボット開発者、ドローンパイロット
災害救助犬訓練士、構造設計者、消防車開発者
気象庁地震火山部職員

第5期 全5巻

㉘ ICTの仕事
小学校教諭情報主任、クラウドファンディング会社広報
オンライン診療営業、スマート農業技術開発
VR動画サービスプロジェクトマネージャー
サイバーセキュリティエンジニア

㉙ 感染症の仕事
感染症研究員、PCR検査試薬研
福祉アートプロダクトプランナー、
感染対策商品研究、行政保健師

㉚ 宇宙の仕事
天文学者、国際宇宙ステーション運用管制官
月面探査車開発、アルファ米商品開発
プラネタリウム解説員、スペースデブリ除去システム開発

㉛ 水の仕事
天然水商品開発、水質検査員、浴室商品開発
ラフティングインストラクター、下水道施設職員
温泉施工管理

㉜ 文字の仕事
タイプデザイナー、書道家
LINEスタンプクリエイター、速記士、点字触読校正者
キーボード商品デジタルマーケター

第6期 全5巻

㉝ SDGsの仕事
電気自動車マーケティング、団地リノベーション設計
新素材開発会社人事、日本財団職員
ジェンダーフリーファッションデザイナー
代替食品研究開発

㉞ 空の仕事
パイロット、グランドスタッフ、航空機エンジン開発
機内食メニュープロデュース、検疫官、航空管制官

㉟ 音楽の仕事
ライブ配信アプリディレクター
歌声合成ソフトウェア関連商品管理
フリースタイルピアニスト
音楽配信アプリコンテンツプロデューサー
JASRAC職員、ゲームサウンドクリエーター

㊱ 健康の仕事
シューズ商品企画、オンラインヨガインストラクター
体組成計開発、健康食品マーケティング
アスレチックゲーム宣伝、寝具メーカー広報

㊲ アウトドアの仕事
アウトドアウォッチ商品企画、アウトドア商品企画、森林官
スポーツ自転車設計、キャンピングカーデザイナー
グランピング施設スタッフ

キャリア教育に活きる！

センパイに
聞く

仕事
ファイル

48

ロボット
の仕事

コミュニケーションロボットの営業
スマートロボットの研究者
協働ロボットの開発者
自動搬送ロボットのエンジニア
ガンプラの金型職人

小峰書店

小峰書店 編集部 編著

48 ロボットの仕事

Contents

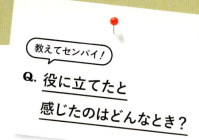

教えてセンパイ！
Q. 役に立てたと感じたのはどんなとき？

A. 「PALROを使ってよかった」とお客さまに喜んでもらえたとき！

File No.267

コミュニケーションロボットの営業 ……………… 04

瀬古愛美さん／富士ソフト

A. 世の中にない新しい理論を論文に書き、それが認められたとき！

File No.268

スマートロボットの研究者 ……………… 12

三宅太文さん／
早稲田大学 次世代ロボット研究機構

A. 世界初の製品を開発し、お客さまの困り事を解決できたとき！

File No.269

協働ロボットの開発者 …… 20

前田賢太郎さん／アールティ

キャリア教育に活きる！**仕事ファイル**

※この本に掲載している情報は、2025年4月現在のものです。

A. お客さまに「キャリロが使いやすくなった」と言ってもらえたとき！

File No.270

自動搬送ロボットのエンジニア ······ 28

浅川風子さん／ミラボット

A. 世界中のガンプラファンに喜んでもらえたとき！

File No.271

ガンプラの金型職人 ······ 36

中野博貴さん／BANDAI SPIRITS

仕事のつながりがわかる
ロボットの仕事 関連マップ ······ 44

これからのキャリア教育に必要な視点 48
ますます期待される ロボットならではの役割 ······ 46

さくいん ······ 48

File No.267

コミュニケーションロボットの営業

Communication Robot Salesperson

富士ソフト
瀬古愛美さん
入社14年目 35歳

「PALRO」は、聞き上手で、つい話しかけたくなるロボットです

人とおしゃべりをしたり、歌ったり、踊ったりできるロボットがあります。瀬古愛美さんは、おもに高齢者向け介護施設や病院に対して営業を行い、ロボットの購入やレンタルの申し込みをしてもらう仕事をしています。どのような仕事なのか、お話を聞きました。

Q コミュニケーションロボットの営業とはどんな仕事ですか？

私の仕事は、人とコミュニケーションができるロボット「PALRO」をおすすめして、購入・レンタルしてもらうことです。PALROは全長40cmの人型ロボットで、5歳の男の子を想定した応答やしぐさをするように設定されています。インターネットと接続し、AI※を使うことで人間のように自然な会話ができます。また顔の部分についているカメラで人の顔を見分けて、相手の名前を呼びかけることもできます。

営業先は、介護施設や病院などの高齢者が過ごしている施設と、ケアが必要な高齢者のいる家庭です。例えば、ひんぱんに薬を飲み忘れる高齢者の方がいて心配だ、という施設やご家庭の場合、「夜のお薬は飲みましたか？」と毎日決まった時刻にPALROが話しかけるように設定することができます。就寝時刻になっても寝ない人にかけたい言葉も、スマートフォンを使って簡単に入力できます。このようにケアをする人とされる人の間にロボットが入ることで、ケアを担う人の負担を軽くできるのです。

営業の仕事は、介護施設や病院へメールや電話をしてPALROに関心をもってもらうことからスタートします。興味をもってくださるお客さまがいたら遠方へも出張し、お客さまのお悩みとPALROに望むことを聞きます。それからPALROを使った問題の解決方法をともに考え、使い方を提案し、納得してもらった上で購入またはレンタルをしていただきます。このようにして、コミュニケーションで相手を笑顔にするPALROの活躍の場を広げるのが私の役割です。

瀬古さんのある1日

09:00	出社。メールチェックなど
10:00	社内打ち合わせ
11:00	チラシ作成
11:30	ランチ
12:30	お客さんである介護施設を訪問
16:00	帰社し、別の介護施設の電話対応
16:30	お客さんである病院とオンラインで打ち合わせ
18:30	事務作業をして退社

PALROは、およそ1.8kgの人型ロボット。頭をなでられると、「えへへ」とうれしそうな声を出すなどする。

PALROのコミュニケーション技術

● 記憶する
100人以上の顔と名前を覚えることができる。AIの画像認識技術によって、「○○さんは△△が好きでしたよね？」など、それぞれの人との会話を個別に記憶することができる。

● 相手と自然に向き合う
話しかけられると、マイクとセンサーによって相手がいる位置を把握し、相手の顔の方をしっかり向くことができる。

● タイミングよく返事をする
「パルロ」と呼びかけられると、およそ0.4秒で「はい」と返事をする。話を聞きながら会話の流れをある程度予測するので、テンポよく自然な会話ができる。

● 相手の表情を認識する
相手の顔が正面に見えているときは、積極的に話しかける。相手が笑顔のときは、PALROの顔の部分にハートマークなどが表示される。

● 写真を撮る
顔の部分のカメラで写真を撮ることができる。あらかじめ指定したメールアドレスに撮った写真を送る機能もある。

● レクリエーションができる
歌ったり、踊ったり、クイズを出したりなど、それぞれ十数種類のレパートリーがある。高齢者に向けて体操の手本を見せることもできる。

用語 ※ AI ⇒ 人工知能のこと。人間の脳をまねた仕組みによって学習することができる、コンピューターシステム。

仕事の魅力

Q どんなところがやりがいなのですか？

提案したことがお客さまにぴったりの解決方法だったり、お客さまに「PALROのおかげでよりよいお世話ができるようになった」と言ってもらったりしたとき、やりがいを感じます。

以前、食事の際に職員がつきっきりで声をかけないと食べてくれない高齢者がいて困っている、というお話を聞きました。そこで、職員の代わりにPALROがそばで「食べて食べて」と声をかけ続けることを提案しました。やってみると食事が進み、その職員の方はほかの高齢者への対応もできるようになったそうです。それを聞いて、うれしかったです。

お客さまとオンラインで打ち合わせをしているところ。「全国各地のお客さまにPALROのことを知ってもらいたいです」

Q 仕事をする上で、大事にしていることは何ですか？

PALROという製品に愛着をもつことです。

PALROは、一部ではありますが、今まで人がやっていたことのお手伝いができるロボットで、置きかわる商品はほかにありません。いろいろな介護に役立つロボットが登場しているなかで、とくに価値の高い製品を提供していると思っています。

PALROは、関われば関わるほどかわいく思えてきます。「うちの子かわいいでしょう？ いろいろな業務をお手伝いしますよ」と紹介するのが私の営業スタイルです。

Q なぜこの仕事を目指したのですか？

学生のころから、自分には営業職が合っているかもしれないと感じていました。自分の好きなものをほかの人にすすめることが好きだったからです。営業職に向いていると友人や家族から言われていたことも、きっかけになりました。

私の場合は、就職のタイミングが2011年の東日本大震災の翌年で、募集人数が少なく、就職が難しい年でした。そこで分野にこだわらず、営業職で仕事を探しました。探しているうちに、新しい技術や楽しいことを提供できる仕事にたずさわりたいと思い、IT系の会社を選びました。

当時は、生活に身近なロボットといえば掃除ロボットの「ルンバ」ぐらいしか知らなかったので、入社してロボット事業部に配属されたときは、本当にびっくりしました。

PALROは人と人の会話に突然参加してくることもある。「何の話にでも首をつっこんでくるのが愛らしくて、つい相手をしてしまいます」

営業部の打ち合わせ。PALROのおすすめの使い方について、チラシに追加する内容を相談した。

Q 今までにどんな仕事をしましたか？

入社後13年間、同じ部署でPALROを全国の介護施設や病院向けに販売・レンタルする仕事をしてきました。

2016年には、AMED（日本医療研究開発機構）が行った大規模な実証実験にたずさわりました。全国の介護施設に1000台のコミュニケーションロボットを導入する実験でした。たくさんの会社からさまざまなロボットが選ばれたなか、富士ソフトでは、私が中心となって200台近くのPALROを全国の介護施設に納品しました。結果、介護対象者の運動機能の改善などのよい効果が、日本で初めてコミュニケーションロボットの効果として認められたんです。

のちに厚生労働省から介護ロボットの導入に補助金※が出るようになり、介護施設でPALROを導入してもらいやすくなりました。私の働きも評価され、社内で賞を受けました。

Q この仕事をするには、どんな力が必要ですか？

わりきる力です。営業の仕事は自分の目指した通りに進むとは限りません。万全の対策をして全力で取り組んでも、お客さまの都合など、自分にはどうにもできない事情で契約できないことがよくあります。

だめだったとわかった瞬間は、「ああ、残念！」と、くやしい気持ちをはき出すことも大事だと思っています。はき出さないと、その気持ちを引きずってしまいがちだからです。家に帰ってから改めてくやしい気持ちにひたることもありますが、会社では気持ちを切りかえて仕事をしています。

「介護施設の方が集まる展示会で、PALROを紹介しているところです。実物を見てもらうことで、PALROの魅力がよりお客さまに伝わります」

・パンフレット・

・モバイルWi-Fiルーター・

・タブレット・

・PALROの専用キャリーケース・

Q 仕事をする上で、難しいと感じる部分はどこですか？

PALROは人間と同じレベルで会話ができると思われがちなことです。PALROの応答パターンはたくさんあるのですが、人間のように意味を理解して会話を発展させることはまだ難しく、「期待したほどの会話力ではなかった」と言われてしまうことがあるんです。

PALROは置いておくだけで役に立つロボットではありません。使う側の人間が「どんな場面で」「どんな人に」「どう使うか」を考えて適切に利用することで初めて、PALROがもっている能力を発揮できます。そのため、PALROができることを正しく理解してもらうことにつとめています。

PICKUP ITEM

営業には、パンフレットと動画などを見てもらうためのタブレット、インターネットにつなぐためのモバイルWi-Fiルーターが欠かせない。実物を見てもらうときは、PALRO本体をキャリーケースで運んでお客さまのところへ持ちこむ。動き方やしゃべり方を実際に見せると、理解してもらいやすい。

用語 ※補助金 ⇒ 国や自治体から事業者に支給されるお金のこと。国や自治体などが政策を推進するために、政策に合った取り組みを支援する目的で支給する。

毎日の生活と将来

Q 休みの日には何をしていますか？

旅行や音楽フェスに行くことが多いです。去年の夏は、朝まで長時間開催される北海道の音楽フェスに行きました。出演者が豪華な顔ぶれだったこともあり、想像した以上に楽しめてラッキーでした。

ちなみに、私のいちばんの"推し"は歌手の椎名林檎さんです。去年は埼玉の3日間と福井・福岡の計5つのライブに参加しました。福岡では実際に曲に出てくるゆかりの地も訪ねて、椎名林檎さんの世界観にひたってきました。

「音楽フェスの会場です。広い公園にテントが立ち並んで、北海道らしい景観を楽しめました」

「北海道の夏の音楽フェスに友人と行きました。右が私です。魅力的なアーティストがたくさん出演していて、最高でした！」

Q ふだんの生活で気をつけていることはありますか？

仕事と仕事以外の時間を区別するように気をつけています。仕事を終えたら、仕事のことはあまり考えません。しかし、担当している介護施設や病院は年中無休なので、土日や祝日も関係なく問い合わせが来ることがあります。対応しないわけにはいかないので、そんなときはさっと仕事モードに頭を切りかえます。

その場で答えられることは答えて、解決したらすぐに休みの日の自分にもどります。社会人になると、仕事の占める割合が生活の7割くらいになってしまうので、残りの3割の時間はなるべく大事にしたいと思っています。

瀬古さんのある1週間

週の前半は関東のお客さまに営業を行い、週の後半に出張して遠方のお客さまを訪問した。お客さま訪問の合間に、いろいろな打ち合わせが入る。

用語 ※ クラウド ⇒ データをインターネット上に保管するサービスの形態のこと。自分のコンピューターにデータを保存しなくても利用でき、他者とのデータ共有もしやすい。

Q 将来のために、今努力していることはありますか？

買い物をする際は、積極的に店員さんと話してから商品を買うようにしています。同じ商品でも、店員さんの紹介の仕方によってまったくちがう印象をもつことがあるからです。よい店員さんに共通しているのは、その時どきのお客さんの気分に寄りそった提案をしてくれることだと感じます。

例えば、おなかがぺこぺこでしっかり食べたいというときにケーキをすすめられても、今はちょっとちがう、と思いますよね。食べ物に限らず、客の要望を上手に引き出し、それに合わせて提案してくれる店員さんに出会えると幸せな気持ちになります。そして、私自身のよい勉強になります。

デモンストレーション用のPALROを持って、出張先へ向かう。「購入していただけるよう、がんばります！」

社内スタッフとオンラインで打ち合わせ。「自社で開発したバーチャルオフィスのアプリを使っています」

Q これからどんな仕事をし、どのように暮らしたいですか？

近年は、会社の方針として、PALROの進化だけを目指すのではなく、高齢化社会の課題を解決する技術全体の開発に力を入れるようになりました。PALROの営業経験を活かして、介護の仕事をする人たちの役に立つ新製品を企画するなど、新しい価値を生み出す仕事をしてみたいです。

将来的には、AI技術がもっと人に寄りそうサービスに活用されるといいなと思います。クラウド※上のカレンダーに出張のスケジュールが入っていたら、自動的に出張先の天気を教えてくれる"気が利くロボット"があったら便利ですよね。IT企業で働く人間として、気づいたことや入手した情報を活用し、多くの人に貢献できる製品の企画にたずさわれたらうれしいです。

コミュニケーションロボットの営業担当になるには……

営業の仕事には社会の仕組みを理解することが必要なので、商学部や経済学部のある大学に進み、市場調査や商取引などについて学ぶのがおすすめです。社会学部や文学部ではば広い教養を身につけるのも一案です。理工学部や工学部、情報工学部へ進んで、IT業界に対する理解を深めるのもよいでしょう。

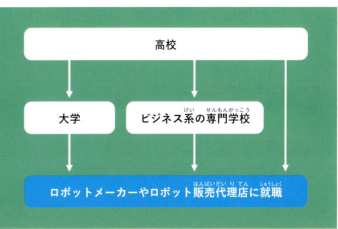

※ この本では、大学に短期大学もふくめています。

子どものころ

Q 小学生・中学生のとき、どんな子どもでしたか？

テレビや映画を観るのが好きだったせいか、映画のプロデューサーやテレビ番組のディレクターなど、映像制作の仕事に何となくあこがれていました。

中学校では、はやりのお笑いネタを友だちと再現したり、映画のシーンをまねしたりして遊んでいました。人気ドラマを見そこねた友だちには、内容をセリフや動作で再現して細かく教えていましたね。このころから、「自分の好きなもの」を人に伝えたい気持ちが強かったのかもしれません。

ピアノのレッスンや塾に通っていましたが、習い事そのものより友だちと会っておしゃべりする方が楽しかったです。ピアノの発表会も、本番よりもみんなで協力した準備や飾りつけの方が、印象的で思い出に残っていますね。学校行事では、文化祭や学芸会、合唱コンクールなどの準備も楽しかったです。

勉強は自分なりにやっていたと思います。なぜか家ではやる気が起きないので、宿題は授業中や休み時間にやってしまうか、図書館で終わらせていました。NHKの大河ドラマ『新選組！』を観て、歴史に興味をもったことを覚えています。歴史の勉強で暗記をするために、自分なりのまとめノートをつくって覚えるのが好きでした。

瀬古さんの夢ルート

小学校 ▶ とくになし
将来のことはまだ考えていなかった。

中学校 ▶ テレビや映画のディレクターやプロデューサー
テレビや映画をよく観ていて、映像作品をつくる仕事にあこがれた。

高校 ▶ マスコミの裏方の仕事など
中学時代と同じで、自分に見えている世界のなかで好きなものに関わりたいと思っていた。

大学 ▶ 営業の仕事
漠然と営業職を志望し、おもしろそうだと感じる業界のひとつとしてIT業界を選んだ。

「中学2年生のころの瀬古さん。『いつもテレビの話題で盛り上がっていました』」

「当時は、森絵都の小説『カラフル』（文藝春秋）が大好きで、よく読みました」

Q 子どものころにやっておけばよかったことはありますか？

自分のまわりの変化を、もっと覚えておけばよかったです。街のようすや世の中の流行、人気のあったテレビ番組などの記憶が残っていれば、営業先でPALROの購入を検討してくれている人と話をするときに「昔、こういうのありましたよね」など、共通の話題にできるからです。実際に、PALROのリラックスモードについて説明するとき、有名なオリンピック選手の姿勢を例に出すと、わかってもらえたことがありました。さまざまな記憶が自分の財産になると感じます。

「学校でみんなと撮りました。毎日がとても楽しかったですね」

用語 ※角膜移植 ⇒ 角膜は、目の表面の黒目の部分をおおううすい組織。角膜がにごったり変形したりして視力が低下した人に対して、他人の透明な角膜を切り取って移しかえる手術のこと。

Q 中学のときの職場体験は、どこへ行きましたか？

職場体験はなく、卒業生や保護者が学校に来て、仕事の話を聞かせてくれる講演会がありました。何人かの話を聞いたなかでいちばん印象に残っているのは、ある眼科医の方のお話でした。

角膜移植※に必要な角膜を受け取るために、亡くなったばかりの子どものドナー（臓器提供者）のご両親に、提供の許しを得に行くこともあると話してもらいました。

Q 講演会のお話ではどんな印象をもちましたか？

その方の「眼科医が命に関わる仕事だと思う人はいますか？」という第一声が印象的でした。

私は、眼科に関しては視力検査のイメージしかもてていなかったので、角膜移植の話に衝撃を受けました。その方が話していた、提供者の家族の「もっと生きてほしかったけれど、せめてだれかの役に立ってほしい」という思いを聞いて、命に関わる医療行為の重さを感じずにいられませんでした。

自分が知ったつもりでいた眼科医の仕事はほんの一面でしかなかったことに、この講演を聞いて気づきました。物事は広い視野で見ることが必要だと感じたことを覚えています。

Q この仕事を目指すなら、今、何をすればいいですか？

何かひとつでいいので、自分の好きなもの、"推し"を見つけてほしいです。好きなものが自分をわくわくさせてくれるからです。また、好きなものがあると関連するいろいろなことが気になって世界が広がりますし、そのよさを相手にも伝えたくて語り始める熱意が、営業の仕事につながると思っています。

自分の"推し"のすばらしさを納得してもらうには、"推し"の魅力や利点だけでなく、欠点や弱点、"推し"に対する否定的な意見までも知る"オタク"であることが必要だと思っています。ぜひ好きなことには徹底して向き合ってほしいです。

ロボットだからこそできることがあることを、世の中の人にもっと知ってほしいです

− 今できること −

ふだんの暮らし

世の中にどんなコミュニケーションロボットが登場しているか、インターネットなどで調べてみましょう。また、ロボットのおもしろさを知るために、機会があればロボットとふれ合ってみましょう。飲食店や家電量販店、公共施設、観光施設などでコミュニケーションロボットを目にすることが増えてきています。

スマートフォンやパソコンで利用できる生成AI※のサービスもあります。生成AIはコミュニケーションロボットの要になる技術なので、積極的にふれてみましょう。

 国語 製品の特徴を正しく説明し、相手に理解してもらうために、表現力が必要です。効果的な語句の使い方や資料の活用法などを学びましょう。

 社会 どのような製品が多くの人の助けになるのかを知るために、公民の授業でよく学びましょう。日本や世界の実状と課題への理解を深めておくとよいでしょう。

 技術 情報技術に関する知識は営業の仕事にも必須です。コンピューターや情報のあつかい方を学びましょう。

 英語 海外の人にも製品に関心をもってもらえるように、英語で自分の考えを伝えることができるとよいです。まずは、基本的な語彙や文法をしっかり身につけましょう。

用語 ※生成AI ⇒ 学習したデータから、文章や画像など新しい別のデータを生み出す人工知能。

File No.268

スマートロボットの研究者
Smart Robot Junior Researcher

早稲田大学
次世代ロボット研究機構
三宅太文さん
職歴5年目 33歳

人の暮らしに寄りそう
スマートロボットを
研究します

社会の変化により、人々の家事や介護の負担を減らすことが求められています。そこで、人の暮らしに寄りそって家事や介護を行う、スマートロボットへの期待が高まっています。スマートロボットの研究を行う三宅太文さんに、お話を聞きました。

Q スマートロボットの研究者とはどんな仕事ですか？

未来に向けて、人の暮らしに役立つ新しいロボットを研究する仕事です。スマートロボットとは、AIを搭載し、1台でさまざまなことができる次世代型のロボットです。私は早稲田大学の次世代ロボット研究機構で研究者として働いています。ロボットに期待される仕事のうち、まずは家事や介護を人に代わって行うために必要な技術を開発しています。

例えば、人は介護をするときに「相手の体を支えながらベッドへ誘導する」という作業をします。ロボットは複数の作業を同時に行うことが苦手なので、これが簡単ではありません。ぶつからずに動ける空間があるかを認識し、相手の体に優しくふれ、体重を支えるだけの力も保つ。この3つを同時に行うには技術上のたくさんの壁があります。コンピューターや電気回路、設計などに関する知識と技術を使って、人が望む作業をロボットが安全に行うための方法を考えて実験し、結果を論文として発表するのが私の仕事です。

ロボットが社会に受け入れられやすい仕組みを考えることも、研究者の大事な役割です。例えば病院で、ロボットにカメラを搭載することで、はなれた場所から入院中の患者のようすをつねに見守り、何かあったときにすぐに対応することが可能です。しかし、撮られ続けることを不快に感じる患者がいたとき、同意をどのようにとるか、法律をどうするかなどの議論も必要です。こうした議論を世の中に提示することで、これらの問題を解決することも目指しています。

三宅さんのある1日

- 10:00 出勤。ニュースやメールのチェック
- 11:00 世界のロボット関連の論文を調べる
- 12:30 ランチ
- 13:30 所属チームの学生の研究の進捗をチェック
- 14:00 ロボットの部品を設計
- 16:00 AI開発※
- 19:00 事務作業をして退勤

早稲田大学の研究チームが開発中のスマートロボット「AIREC」。ロボットをひとり1台所有する時代を見すえ、自ら学習・行動して人と暮らすロボットを、2050年までに実現することが目標だ。

スマートロボット研究者の仕事の流れ

① 論文を読み、最先端技術を知る

世界中のロボット研究者が発表している論文を読み、最先端の技術の情報を得て研究テーマを探す。三宅さんは教授の指導のもと、もうひとりの研究者と学生3人の5人チームで研究に取り組んでいる。

② 研究テーマを考えて、決める

例えば、ロボットがものの固さを認識するための技術を考える。この場合、シリコンを人間の皮膚に見立てて、センサーを取りつけたシリコンをロボットの手のひらに装着する方法ではどうかと考えた。

③ 試作を行う

ロボットの手のひらのシリコンがふれたもののかたちや固さ、動かすときの力加減を数値化し、AIに学習させる。また、研究テーマの技術が社会的・倫理的に問題がないことを過去の例や法令に照らして確認する。

④ 実験のデータをとる

実験のデータをとり、提唱した新技術が論理的に正しいことを証明する。自分の研究の合間に、ほかの研究機関の研究者が取り組む論文についても、正しいか正しくないかを検証し、おたがいに評価し合う。

⑤ 結果をまとめ、論文を書く

実験とその結果を論文にし、ロボット研究の学会※へ出す。これまでにない新しい内容であり、ロボットに役立つ技術と認められれば、科学雑誌などに掲載される。三宅さんは年に数本の論文を書いている。

用語 ※AI開発 ⇒ ある目的に沿って、人工知能を搭載したコンピューターシステムをつくること。

用語 ※学会 ⇒ 研究者が研究の成果を発表し、その内容が科学的に正しいかを検討したり論議したりする場。

仕事の魅力

Q どんなところがやりがいなのですか？

世の中にない新しい理論を論文にして、それが学会などに認められて専門雑誌への掲載が決まったときに、もっともやりがいを感じます。多くの人が信頼する国際的な雑誌であれば、なお喜びが大きいです。

一般の人から、つくったロボットへの反響が得られたときにもやりがいを感じます。東京で2年おきに開催される「国際ロボット展」に参加してロボットのデモンストレーション（実演）を行うのですが、訪れていた海外の研究者や子どもに「使ってみたい」「こんな未来が来るのが待ち遠しい」と言ってもらえたことがありました。うれしかったですね。

研究チームの学生に、卒業論文の指導をする三宅さん。「学生の指導も仕事の一部です」

大学の敷地内の研究所で、学生と並んでデータ解析作業をする。「最新鋭の設備が整っているので、ありがたいですね」

Q なぜこの仕事を目指したのですか？

私が大学に入学したのは2011年4月で、東日本大震災が起こった次の月でした。人々が時間をかけて築いたものが巨大地震で一瞬にしてなくなったのを見て無力感を覚えたのが、研究者を目指すきっかけのひとつになりました。これといってやりたいことがないままに、ひとまず理系を選んで進学したのですが、被災地でボランティア活動の体験をして、この先自分に何ができるかを考えたんです。もしかしたら、ロボット技術の発展によって、社会で起こる問題の発生をおさえることができるかもしれないと思いました。

誤作動や悪用など、ロボットの利用が広がることによって引き起こされる問題も無視できません。しかし、課題が出たらひとつひとつ議論し、よい方向に向かう努力を続ければ、今よりも人が幸せに生きられる世界になると信じています。

Q 仕事をする上で、大事にしていることは何ですか？

この仕事は、人を助けたり、社会の問題を解決したりと、人の未来をよりよくするためのものだと思っています。わくわくして楽しむ気持ちが原点になると考えているので、ロボットとはあまり関係のなさそうな絵画や音楽などの分野にも興味をもち、楽しむことを大事にしています。

また、研究者の仕事はすぐに答えや結果が出るわけではないので、あきらめないことも大事です。私は、展示会などで最新の技術を見たとき、その先の未来を想像してわくわくします。研究をあきらめそうになったときはその感情を思い出して、前に進む姿勢を忘れないようにしています。

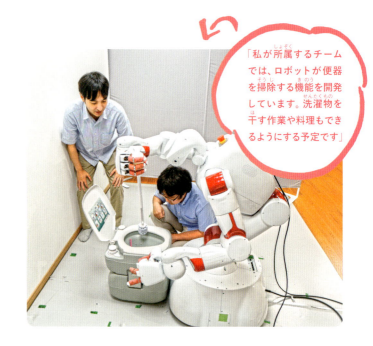

「私が所属するチームでは、ロボットが便器を掃除する機能を開発しています。洗濯物を干す作業や料理もできるようにする予定です」

介護動作の実験を見守る三宅さん。「マネキンもロボットもこわしてはいけないので、緊急停止ボタンをつねに持っています」

Q 仕事をする上で、難しいと感じる部分はどこですか？

夜、名案が浮かんだと思っても、朝にはたいしたことがないと気づいてしまったり、自分が思いついたアイデアがすでに世の中に技術として登場していることを知ったりしたときに、難しいと感じます。

またあるとき、開発したいシステムに関して立てた仮説を検証したら、予想通りの結果が得られて大喜びしたことがありました。けれども、じつは気づかずに、仮説を立てるために使ったデータをそのままテストに使ってしまったためで、同じ結果が出るのは当然だったんです。

このように一喜一憂しながらも、必ず正解への道筋があるはずと信じて研究を続けています。

Q 今までにどんな仕事をしましたか？

大学院を修了後、早稲田大学で日本学術振興会特別研究員※としてロボットの研究をしました。同時に、先輩が立ち上げたIT技術の会社でも働きました。その会社では、それぞれ別の作業をする複数のロボット農業機械を、はなれた場所からスマートフォンで操作する技術を開発しました。

会社では、その技術によって10年先くらいまでを見こんで利益を得られると判断すれば、開発を手がけることができます。学生などからの納付金や補助金で運営される大学では、30年後、50年後の研究の成果を見こんで研究します。その点がちがい、新鮮に感じました。大学で研究者の職に就いてからも、副業としてこの会社に所属し、技術開発にたずさわっています。

Q この仕事をするには、どんな力が必要ですか？

論理的な思考力と楽観的な姿勢です。

ロボットを適切に動かすには、物事のつじつまが合っているかを厳密に考えた上で、意図した結果を導くことが必要です。情報を整理する力や、根拠をもとにした予測と判断を行う力のある人は、この仕事に向いていると思います。

解決策が浮かばない間に、「なんとかなるさ」と思えることも重要です。思いつめるとあまりよい結果にならないからです。研究とは、答えがあるかどうかもわからないところから答えを見つけようとする仕事です。私の場合は、ゴールまでの道のりが遠くとも「今日はエラーをひとつ解決できた」「論文の執筆が少し進んだ」などの小さな喜びを積み上げることで、目の前に立ちはだかる壁をのりこえています。

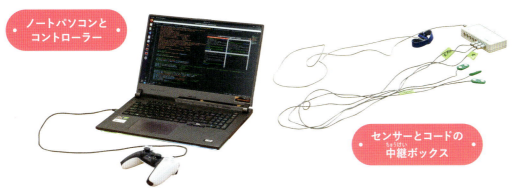

ノートパソコンとコントローラー

センサーとコードの中継ボックス

PICKUP ITEM

スマートロボット「AIREC」を動かすのにノートパソコンを使う。ロボットの操作には、ゲームに使うコントローラーが便利だ。三宅さんの研究テーマのひとつに、人間の筋肉が収縮するときの微弱な電流の変化を調べる研究がある。データをとる際に、体の計測部分につけるセンサーとそのコードを中継ボックスにつなげて使う。

用語 ※日本学術振興会特別研究員 ⇒ 給与や研究費、設備など、研究に専念できる環境を国からあたえられた、優れた若手研究者のこと。

毎日の生活と将来

Q 休みの日には何をしていますか？

ぼんやりと考えごとをしていることが多いです。気晴らしのためにゲームをしていたこともありますが、目が疲れて、頭が痛くなってしまうのでやめました。興奮作用のあるものでなく、身も心もリラックスすることを大事にした方がよいアイデアが浮かぶような気がしています。

動画配信サービスを利用して映画を観ることもあります。私はあまり集中力がない方なのですが、いちど見始めると途中でやめられなくなるほど見入ってしまいますね。

「中東のカタールへ行って、カタール大学で働いている友人とハヤブサの訓練を体験しました。カタールではハヤブサを飼う人が多いそうです」

Q ふだんの生活で気をつけていることはありますか？

歩くことと、十分に睡眠をとることです。仕事では座って作業することがほとんどなので、電車やバスをできるだけ使わずに1時間くらい歩くことを心がけています。ふだん生活している街でも、歩くと知らない道などの発見があるのでおもしろいですね。学会への参加のために地方に行ったときも、こまめに散歩します。

睡眠は1日8時間とるようにしています。私の職場はフレックスタイム制※を導入しているので、夜ふかしした翌日は出勤する時間をおくらせるなどして調整します。体の不調を放っておくと何事もうまくいかないので、健康には気をつけています。

「イタリア留学時代に知り合った友人の結婚式のために、キプロス共和国へ行きました。きれいな海でした」

三宅さんのある1週間

	月	火	水	木	金	土	日
05:00							
07:00	睡眠	睡眠	睡眠	睡眠	睡眠		
09:00	朝食、準備		朝食、準備	朝食、準備	朝食、準備	休み	
11:00	出勤、メールチェック 研究の資料作成	朝食、準備 出勤、メールチェック 研究に関する調査	出勤、メールチェック 研究に関する調査	出勤、メールチェック 研究の資料作成	出勤、メールチェック 研究の資料作成		
13:00	昼食 チームの進捗確認 ロボット本体の設計 ソフトウェアの実装※ 退勤	昼食 チームの進捗確認 ロボット本体の設計 研究アイデアの整理 退勤	昼食 チームで打ち合わせ ソフトウェアの実装 退勤	昼食 チームの進捗確認 実験 実験のまとめ、退勤	昼食 チームの進捗確認 データの整理 データの解析 退勤	副業先の会社に勤務	
15:00							
17:00							
19:00							休み
21:00	夕食	夕食	夕食	夕食	夕食		
23:00	事務作業(在宅) 論文執筆(在宅)	事務作業(在宅) 論文の調査(在宅)	事務作業(在宅) 論文執筆(在宅)	事務作業(在宅) 論文執筆(在宅)	事務作業(在宅) 論文執筆(在宅)		
01:00	寝る準備と考え事	寝る準備と考え事	寝る準備と考え事	寝る準備と考え事	寝る準備と考え事		
03:00	睡眠	睡眠	睡眠	睡眠	睡眠		
05:00							

毎日職場に出勤している。帰宅後も、事務作業や、論文のための調査・論文執筆を行う。土曜日の午後は、副業先の会社の仕事をした。

用語 ※フレックスタイム制 ⇒ 1日の仕事の始まりと終わりの時刻を働く人が自由に決められる制度。

用語 ※ソフトウェアの実装 ⇒ プログラミングしてできたデータをロボットに組みこむこと。

Q 将来のために、今努力していることはありますか？

研究によって得た知識や技術は社会で活用されてこそ意味があると思うので、それらの活かし方を本や論文を読んで学んでいます。また、ゆくゆくは管理職になることを目指しているので、そのための勉強もしています。

研究者の道は、研究に専念する人と管理職になる人に分かれます。管理職になると研究からははなれますが、リーダーとしてほかの研究者を取りまとめ、広い視野によって技術の向上をはかったり、予算を考えたりします。いずれは管理職としていくつものプロジェクトに同時に関わり、より多くの価値のある技術を生み出すことに貢献したいです。

「ボス（教授）からデータをまとめるようにという指令がきました。海外からも、毎日たくさんのメールがきます」

「研究成果の社会での活かし方について、興味をもって学んでいます。本を読むことが多いですね」

Q これからどんな仕事をし、どのように暮らしたいですか？

私はロボットによる家事や介護のほかに、ふたつのテーマについて研究しています。ひとつは、人間の筋肉の動きによって生じる体内の微弱な電流を計測し、効果的なトレーニング方法や疲労の仕組みを解明することです。人間が筋肉を収縮させる際、脳からの命令で微弱な電流が発生します。この電流の記録は、手を失った人でも義手の指を動かせる「筋電義手」の開発に活かされています。

もうひとつは、はなれた場所での擬似体験ができるウェアラブルデバイス※の開発です。例えば、部屋にいながらカヤックをこぎ、さらに水の抵抗も感じられるような技術です。

これらはロボットに関連がない研究のようにみえますが、じつは人間の体の仕組みを理解することが、ロボットの動作に深く関係します。これらの研究を進め、国際的な学会での研究発表や論文で成果を上げることが目標です。

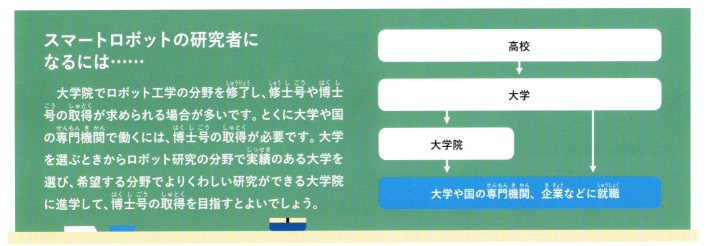

スマートロボットの研究者になるには……

大学院でロボット工学の分野を修了し、修士号や博士号の取得が求められる場合が多いです。とくに大学や国の専門機関で働くには、博士号の取得が必要です。大学を選ぶときからロボット研究の分野で実績のある大学を選び、希望する分野でよりくわしい研究ができる大学院に進学して、博士号の取得を目指すとよいでしょう。

高校 → 大学 → 大学院 → 大学や国の専門機関、企業などに就職

用語 ※ウェアラブルデバイス ⇒ 手首や腕、頭などに装着できるコンピューターのこと。代表的な製品にVRゴーグルなどがある。

子どものころ

Q 小学生・中学生のとき、どんな子どもでしたか？

　お調子者で、喜怒哀楽の感情表現の激しい子どもでした。集中力がなく、勉強は得意ではありませんでしたが、中学校で陸上部に入り、地道に努力することの大切さを学びました。親から「運動部に入るなら勉強も同じくらいがんばれ」と言われ、少しずつですが勉強する習慣がついていきました。

　一度だけ、部活の試合前で練習時間が長かったとき、勉強量を減らした数学で赤点をとってしまったことがあります。そのときに、勉強した分しか点数はとれないことに気づいたんです。これ以降、数学をしっかり勉強するようになり、気づけば得意科目になっていました。高校で理系に進んだのは、数学が得意だったからです。それに、大学受験のときに理系から文系に進路変更することは、文系から理系に変更するよりも簡単だと考えたこともあります。

　とはいえ、空間図形だけはかなり苦手でした。絵を描くのが得意ではないことも関係しているのかもしれません。数学の成績がよくないと研究者にはなれないと思っている人もいるかもしれませんが、中学や高校で習った分野を必ず使うわけではないので、あきらめる必要はないと思います。

　私の場合は、子どものころからいわゆる夢というものをもったことがなく、そのときにやりたいと思ったことをやろうと考えていました。

三宅さんの夢ルート

小学校 ▶ とくになし

卒業式で「将来なりたいもの」を言わなければならなかったとき、とくになかったので、内容のないことを言ってごまかした。

▼

中学校・高校 ▶ とくになし

変わらず、将来の夢はとくになかった。

▼

大学 ▶ 研究者

大学でロボットの研究にたずさわるうちに、研究のおもしろさに目覚めた。論文を書くことや実験の細かさが苦手で自分に向いているとは思わなかったが、向いていないわりには楽しいと感じた。

「中学の卒業アルバムにのっている三宅さん。「子どもっぽい性格だとよく言われました」

「中学の入学式の写真です。緊張した表情をしていますね」

「中1のときに長野県の軽井沢へオリエンテーション合宿に行きました。部屋で撮った写真です」

Q 子どものころにやっておいてよかったことはありますか？

　日常的に予習、復習、宿題をする習慣をつけられたのは、よかったです。今、仕事をするとき、事前の勉強や終わった後のふりかえりを日常的に行っているので、中学のころと同じことをしていると思います。また、部活をがんばったこともよかったです。夢中になれるものを見つけ、目標を設定して、そのために必要なことを努力して身につける一連の習慣は、大人になってからも必要だろうと思います。

　しかし、何と言っても、いちばんよかったことは楽しい思い出をつくれたことです。友人とふざけたり、笑い合ったりと、何ということのない思い出が、その後の困難をのりこえる力になりました。

Q 中学のときの職場体験は、どこへ行きましたか？

1年生のとき、生徒の親による職業紹介がありました。医師や、株などの売買を仲介する株トレーダーの講演を聞き、世の中にはいろいろな職業があるなと思った記憶があります。2年生でも職場体験があったような気がしますが、よく覚えていません。

3年生では職業インタビューに行き、近所にあるピアノ教室の先生や建築家の話を聞きました。

Q 講演などではどんな印象をもちましたか？

1年生のときに株トレーダーの話を聞いて、「働くことは楽しそう」という印象をもちました。一方で、「早い段階で進路を決めてしまったら、それに関係ない学校の勉強は必要ないのではないか」という不安もよぎりました。例えば、ピアノの先生になりたいなら音楽以外の勉強をする意味はないのではないか、という疑問が浮かんだのです。

しかし今ふりかえると、中学校は「勉強のやり方」を学ぶ場所であり、社会で生きていくための常識や基礎となる力を身につける大切な時期だったと思います。どんな仕事を選ぶとしても、むだな勉強はなかったはずです。

Q この仕事を目指すなら、今、何をすればいいですか？

中学時代は、人と比べて劣等感をいだくなど、悩みのつきない時期です。「悩んでも時間のむだ」と言う人がいますが、私はそうは思いません。悩むということは、理想と現実のギャップに苦しむということです。つまり、自分の心の声と向き合い、成長するチャンスをあたえられているのです。

そんなときには、ほかのことをして苦しさを紛らわせるのではなく、何に悩んでいるのかを整理して解決方法を考えたり、だれかに相談したりすることで、一歩前に進めます。自分と向き合う時間の長さや濃さが、地道な作業の連続で失敗も多い研究生活を、支えてくれるはずです。

十年先の利益ではなく、百年先の未来を考えたロボットを実現させたいです

− 今できること −

ふだんの暮らし

地域にある科学館へ足を運びましょう。ロボット工学やロボット技術について楽しく学べるように、それぞれの施設が工夫を凝らしています。ミュージアムショップや、インターネットの通販サイトなどでも手軽にロボット製作ができるキットを販売しているので、製作に挑戦することもおすすめです。

学校に科学部などがあれば参加して、テーマ選びから実験、検証に挑戦してみましょう。プログラミング部でも、ロボット技術の基礎を学ぶことができます。

 社会 課題を見つけ、社会をよりよくしようとする視点が必要な仕事です。公民分野をよく学び、社会で起きているさまざまなことに関心をもちましょう。

 数学 ロボットの動作や制御、センサーのデータ解析には数学の素養が不可欠です。方程式や関数、確率の単元ではたくさんの問題を解き、苦手意識をなくしましょう。

 理科 「電流と電気回路」をしっかり学習しましょう。また、人型ロボットやAIなどにたずさわるには、人体についての知識も不可欠です。

 英語 多くの論文は英語で書かれており、執筆する際も英語です。まずはリーディングに力を入れて学習しましょう。

File No.269

協働ロボットの開発者
Collaborative Robot Developer

アールティ
前田賢太郎さん
入社9年目 30歳

人にとって安全で、ともに働けるロボットを開発します

人と同じ空間でともに働くロボットを、協働ロボットとよびます。食品工場で働く協働ロボット「Foodly」は、工場の作業員と並んで、惣菜をトレーにつめる作業をします。開発にたずさわった前田賢太郎さんにお話を聞きました。

Q 協働ロボットの開発者とはどんな仕事ですか？

私はロボットの開発や販売を行うアールティという会社で、協働ロボットに組みこむプログラミングなどを行っています。

これまでの産業用ロボット※は、人の代わりにロボットだけがいて作業することがほとんどでしたが、協働ロボットは人と並んで作業をします。私が開発に関わっている「Foodly」は、食品工場で人といっしょにお弁当のおかずをトレーにつめる作業をします。私はFoodly開発のチームリーダーとして、もっと使いやすくなるように改良したり、新機能を考えてそのための技術を開発したりしています。お客さまと直接話して要望を聞くこともあります。

ロボットの開発には、ソフトウェアやAI、機械工学など多くの分野の知識と技術が必要です。それぞれの専門会社が得意分野をもちよって合同で開発する場合も多いですが、アールティではすべてを自社で行います。ひとりが行う仕事ははば広く、私はFoodlyの開発のほかに、新製品の核となる技術を開発する基礎開発と、新製品ができた際に大量生産するための段取りを整える生産技術の仕事もしています。

Foodlyは、人とともに安全に働くために、あえて小さなモーターを使ってパワーが出すぎないようにしています。発売当初、このアイデアはかなり新しいものでした。私のいちばんのやる気の源は「まだこの世にないものをつくること」なので、それが実現したこの製品には思い入れが強いです。さらに役立つロボットにするために、開発を続けています。

前田さんのある1日

09:30	出社。ニュースやメールのチェック
10:30	アルバイトや部下へ作業を指示
12:00	試作品の開発
13:00	ランチ
14:00	会議に使う資料の作成
15:00	社内会議
17:00	試作品の開発、部下の作業報告を受ける
18:30	1日の作業のまとめと確認をし、退社

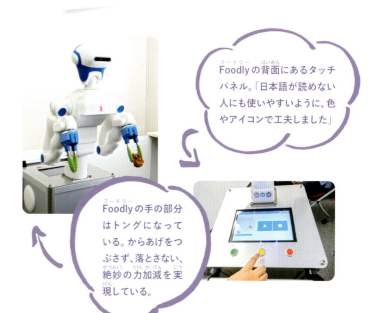

Foodlyの背面にあるタッチパネル。「日本語が読めない人にも使いやすいように、色やアイコンで工夫しました」

Foodlyの手の部分はトングになっている。からあげをつぶさず、落とさない、絶妙の力加減を実現している。

Foodlyをかたちづくる4つの要素

① 不定形物のAI認識技術

山盛りのからあげのなかからひとつひとつのかたちを見分けることが、ロボットには難しい。そこでAI技術を使い、内蔵されているカメラに映った画像の影の濃淡などから、からあげどうしの境界線をロボットが判別する。その上で、どのようにつかめばよいのかを判断させる。

② 人への優しさ・安全性を優先した設計

多くの産業用ロボットとはちがい、ごく小さなモーターで動く。人に危険のないよう、業務に必要な最低限の力しか出せない設計だ。アーム（腕）の素材はやわらかく、また人の体にぶつかってもロボットの方が押しやられる設計にしてあるので、人が感じる危険や威圧感は少ない。

③ デザインの工夫

ねじをかくし、角をなくして丸みのあるデザインにすることで、威圧感がなくなり、人が安心できる。また「どう動くかわからない」という恐怖感を軽減するために、人の関節の形状をまねるなどして、「こんなふうに動きそう」と思わせるようにしている。

④ タッチパネルの工夫

ロボットの背面にあるタッチパネルは、見ただけでわかるように絵やアイコンで構成している。また作業開始、一時停止、完全停止の3つのボタンをそれぞれ交通信号機をイメージさせる緑・黄・赤にすることで、視覚情報だけで操作できるようにした。

用語 ※ 産業用ロボット ⇒ 工場で製品を大量生産するために使われるロボット。自動化することで作業の効率を高める。倒れにくく、またこわれにくくするために、重く頑丈な素材でつくられることが多い。

仕事の魅力

Q どんなところがやりがいなのですか？

最大のやりがいは、まだこの世にない製品を開発して、現実の世界で使えるようにできることです。

また、ロボットを通してほかの業界の方と関わることで、自分の知らない知識や視点を得られることもやりがいです。食品工場で使うロボットをつくる場合、異物の混入にはとくに気をつける必要があるので、Foodlyはすべてのネジがかくれるデザインになっています。これは、それまでのロボット製作では気づかなかった視点でした。ロボットを求めるお客さまと話し、新しい考え方を知ることは、新しいロボットのアイデアにつながるのでわくわくします。

Q なぜこの仕事を目指したのですか？

子どものころからロボットが好きだったからです。小学生のときにロボット製作にハマり、学生の間はずっとロボットをつくっていました。学校の勉強は好きではなかったですが、ロボットに関することを学ぶのは苦ではなかったので、ロボットをつくる仕事をしようと考えました。

アールティに入社したのは、大学で所属していたジャグリング※サークルの顧問の先生がアールティの社長と知り合いで、アルバイト先として紹介してくれたことがきっかけです。2年ほどアルバイトとして働き、そのときからロボットの開発をさせてもらっていました。「世の中にない新しいものをつくり出す」という会社の目標がとても魅力的だったので、大学卒業後は正社員として採用してもらいました。

弁当の工場で、人と並んで作業するFoodly。「からあげやしゅうまい、ミニトマトなど、約20品目の食材をあつかうことができます」

チームの部下と、腕の角度の改良案を検討する。

Q 仕事をする上で、大事にしていることは何ですか？

目先の利益を得ることよりも、お客さまの役に立つことを最優先に考えています。例えば食品工場向けのロボットはいくつもあり、工場の事情によって最適な製品はちがうので、アールティのロボットより他社の製品の方がよりお客さまの困り事を解決できると考えた場合は、そちらを提案します。

自社製品をすすめたい思いが優先すると、相手の困り事の根本に気づけず、使ってはみたものの何かちがう、ということが起きます。自社製品に自信はありますが、そこにこだわるよりも、相手の役に立つ提案をすることが大切です。

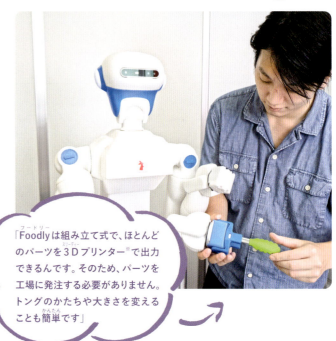

「Foodlyは組み立て式で、ほとんどのパーツを3Dプリンター※で出力できるんです。そのため、パーツを工場に発注する必要がありません。トングのかたちや大きさを変えることも簡単です」

用語 ※ ジャグリング ⇒ 大道芸やサーカスなどで見られる、道具を巧みにあやつる芸のこと。

Q 今までにどんな仕事をしましたか？

アルバイト時代もロボット開発をしていましたが、正社員になってからは、まかされる仕事の種類が増えました。ロボット関連の雑誌の記事を書いたり、展示会に出展する際の資料をつくって来場者に案内したりと、いろいろな仕事をしました。

正社員になってまず取り組んだのは、自動運転の初歩的な仕組みが学べるロボットキットの開発です。商品の企画から発売するところまでのすべてをまかされました。私も高校生のときに使ったことがあるキットで、その進化版の開発を担当したんです。1年かけて何度も試作し、2年目で大量生産できる体制を整え、3年目にやっと発売できました。商品になったときの達成感は大きかったです。

ロボットのアームとスイッチ

クランプ

ノートパソコン

PICKUP ITEM

工場で働くロボットには、さまざまなアームの動きが必要とされる。これらは、ねらった動きをさせるための実験用の道具一式。ノートパソコンにアームとスイッチをつないで、プログラミングによってアームを動かし、データを記録する。このアームはそのままでは立たないので、クランプで机に固定する。

自分の席でプログラミング作業をする前田さん。

Q 仕事をする上で、難しいと感じる部分はどこですか？

社内の人、社外の人どちらに対しても、考えや思いを伝え、共有することが難しいと感じます。存在しないものを生み出す仕事では、いくら自分なりの言葉で説明しても相手も同じものを想像しているとは限らず、話しているうちに食いちがってしまうことがよくあります。

ロボットはAIや機械工学、デザインなど多くの分野の専門家が集まってつくるため、基礎となる考え方がさまざまで、立場によって見え方や想像するものが変わります。だれもまちがっていないし悪くもないので、何とか全員が同じゴールをイメージできるよう調整することに苦労しています。

Q この仕事をするには、どんな力が必要ですか？

手をぬかずに考える力、勉強し続ける力が必要です。ロボットの業界では新しい知識や技術がどんどん出てくるので、このくらいでいいか、と考えてしまったり、学ぶことをやめてしまったりすると、新しいものがつくれなくなりますし、お客さまに最適な提案もできなくなってしまいます。

また、まわりの人を尊重し、意見を取り入れる姿勢も必要です。ひとりでできることには限界があるため、自分には難しいと思った部分は率直にその分野の専門の方を頼り、相談することが重要です。ただし、専門の方々と会話ができる最低限の知識はもっておかないと失礼にあたるので、そのためのはば広い分野の勉強もやはり欠かせません。

用語 ※3Dプリンター ⇒ パソコンで設計されたデータをもとに、立体のものをつくり出す機械のこと。

毎日の生活と将来

Q 休みの日には何をしていますか？

プログラミングやゲーム、釣り、ジャグリングが趣味で、このうちのどれかをしていることが多いです。友人と旅行をするのも好きです。

ジャグリングは、高校生のときに友人がやっているのを見て、自分にもできそうな気がして始めてみたら、ハマりました。ひもの先にボールがついた「ポイ」という道具をまわしたり投げたりする種目を専門にしていて、大会にも出ています。ポイにプログラミングした基板を組みこんで新しい芸の見せ方を開発し、会社で披露したこともあります。

「友人と新潟県の酒蔵と観光名所をまわりました。ここは糸魚川の厳島神社の近くにある、弁天岩です」

「ジャグリング大会の写真です。テールポイという道具を使って参加しています。この大会ではその場でかかった曲に合わせて、対戦相手と即興でジャグリングをします」

Q ふだんの生活で気をつけていることはありますか？

つねに注意深くものを見るように意識し、気になるものを見つけたらすぐ調べるようにしています。例えば街灯にＱＲコードなどの二次元コードが貼ってあるのを見つけたら、「管理用に使うのかな」と想像して調べるなどです。高校生のときに大学教授の講演を聞く機会があり、私は研究テーマの見つけ方について質問しました。そのときの回答が、気になることはすぐに調べる、違和感を覚えたら確認する、などでした。それ以来実践しています。

見慣れた景色のなかにも、気にしてみると意外と新しい発見があります。それがロボット開発のアイデアにつながると思うので、意識的にものを見ることを心がけています。

前田さんのある1週間

	月	火	水	木	金	土	日
05:00	睡眠	睡眠	睡眠	睡眠	睡眠		
07:00			食事・準備	食事・準備			
09:00	食事・準備	食事・準備	出張(Foodly購入希望先へ)	出張(Foodly購入希望先へ)	食事・準備		
11:00	出社 社内ミーティング 研修のサポート	出社 研修のサポート 試作品の開発			出社 研修のサポート 社内ミーティング		
13:00	昼食	昼食	昼食	昼食	昼食		
15:00	部下へ指示 社外ミーティング	部下へ指示 試作品の開発	出張(Foodly購入希望先へ)	出張(Foodly購入希望先へ)	試作品の開発 ふりかえり		
17:00	試作品の開発 チームの作業報告	社外ミーティング チームの作業報告			試作品の開発 社内ミーティング 作業まとめ	休み	休み
19:00	試作品の開発	試作品の開発	夕食	夕食	夕食 帰宅		
21:00		夕食 帰宅 趣味			趣味		
23:00	夕食・帰宅						
01:00	睡眠	睡眠	睡眠	睡眠	睡眠		
03:00							
05:00							

試作品の開発に多くの時間を費やしている。この週は水曜日と木曜日に地方へ出張してお客さんと打ち合わせをし、お客さんの工場の見学も行った。

Q 将来のために、今努力していることはありますか？

　ロボットはひとりではつくれないので、社内の技術者みんなが自分の力を存分に発揮できる環境をつくるにはどうしたらいいか、ということを考えて、そのための仕組みを試しに運用しています。

　また、自分がつくりたいものが多くの人に必要とされるものなのかを調べることも重要です。そのためにも、試作品をつくったら発表するようにしています。アールティにはそういった発表がしやすい風土があるので、今の仕事に関係のないものでも発表します。ほかの人からの意見が、新たなアイデアやロボット開発につながるかもしれません。

「アールティは、ロボットに関して何でも挑戦できる会社です。みんなと協力して、さらに役に立つロボットをつくっていきます」

「アールティでは、ロボットに関する本も出しています。たまに見返しています」

Q これからどんな仕事をし、どのように暮らしたいですか？

　将来的には、社内の技術者それぞれが自分のやりたい研究をできる環境をつくりたいと思っています。この研究はお金にならないからとあきらめたり、本当は別のことがやりたいと思いながら目先の開発を進めたり、ということができるだけないようにしたいです。環境を整えることが、技術者のやる気やよい製品の開発につながるはずだからです。

　そのためにも、今ある技術や製品で安定した会社運営をして、技術者が安心して働ける土台を築く必要があるので、私もそれに貢献していきたいです。

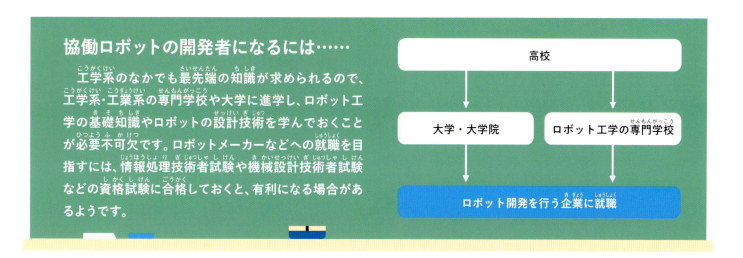

協働ロボットの開発者になるには……

　工学系のなかでも最先端の知識が求められるので、工学系・工業系の専門学校や大学に進学し、ロボット工学の基礎知識やロボットの設計技術を学んでおくことが必要不可欠です。ロボットメーカーなどへの就職を目指すには、情報処理技術者試験や機械設計技術者試験などの資格試験に合格しておくと、有利になる場合があるようです。

高校 → 大学・大学院／ロボット工学の専門学校 → ロボット開発を行う企業に就職

子どものころ

Q 小学生・中学生のとき、どんな子どもでしたか？

小学生のときにテレビでロボコン※を見て興味をもち、ロボットで頭がいっぱいになりました。そのようすを見た親が、近所でロボットに関して学べる塾を見つけて通わせてくれたんです。塾ではレゴブロックでロボットをつくり、プログラミングをしてそれを動かしていました。大会にも出ましたがまったく勝てず、とてもくやしかったです。

中学生のとき、どうしても勝てるようになりたくてロボット部のレベルが高い工業高校にメールを送りました。すると、ロボット製作を教えてもらえることになったんです。放課後や土日にその工業高校に通って教わったおかげで、多くの大会で入賞して世界大会にも行けるようになりました。

部活や学校行事には一応参加していたものの、ロボットに夢中で、積極的ではありませんでしたね。工業高校へ行かない日は、学校に許可をとり、廊下にロボットレース用のコースを広げて大会の練習をしていました。

ロボットのための勉強は大好きでしたが、小・中学校で習う勉強は何のためにしているのかがわからず、家では宿題くらいしかしませんでした。高校に入ると、ロボットの専門書で学んだ知識や計算式が授業に出てくるようになり、勉強はした方がいいぞ、とやっと思えるようになりました。

前田さんの夢ルート

- **小学校 ▶ 研究者**
なんとなく研究者になりたいと思っていた。

- **中学校 ▶ ロボットに関わる仕事**
ロボット製作が大好きだった。

- **高校 ▶ 役立つロボットの開発者**
競技用ロボットにのめりこんだ反動で、人の役に立つロボットをつくりたくなった。

- **大学 ▶ ロボット開発者**
ロボットに関する勉強が苦ではなく得意分野だったので、ロボット開発を仕事にしたいと考えた。

中学3年生のときに出場したマイコンカーラリー※湘南大会で、3位に入賞した。

中学3年時に、台湾で行われたロボットの世界大会 World Robot Olympiad に出場。自律型ロボットによる走行競技の中学生部門で、チームが優勝した。

World Robot Olympiadでもらったトロフィー。中1のときに準優勝(右)、中3のときに優勝(左)した。レゴ社のロボットキット商品を使用する大会なので、トロフィーもレゴブロックでできている。

Q 子どものころにやっておけばよかったことはありますか？

ロボットに人のような動きをさせるには、人の体の動かし方や仕組みを理解している必要があります。私は体が弱かったこともあり、子どものころあまり運動をしなかったのですが、体操などをやっておけばロボットの開発に役立ったかもしれないな、と思います。

反対に、本はたくさん読んでいてよかったと思います。ロボットの専門書を読む習慣ができていたので、大人になって技術書や論文など1000ページ以上あるようなものを読む必要があるときにも、難なく読めます。

用語 ※ ロボコン ⇒ ロボットコンテストの略。個人やチームでロボットをつくり、性能を競わせる大会のこと。テレビ放送される全国高等専門学校ロボットコンテスト(高専ロボコン)などが有名。

Q 中学のときの職場体験は、どこへ行きましたか？

2年生のときに数人のグループで1日だけケーキ屋さんに行きました。ほかにはコンビニエンスストアやカフェ、消防署などの体験先があったと思いますが、自分がなぜケーキ屋さんに行ったのかは覚えていないですね。

ふだんの仕事の内容や売れ筋商品の説明を聞いたり、商品を棚に並べたり、店頭に立ってお客さんに声をかけたりするなどの体験をしました。

Q 職場体験ではどんな印象をもちましたか？

店員の方がみな「ケーキ屋さんっぽい」、ということが印象的でした。見た目もふくめて雰囲気が「ケーキ屋さん」だな、と感じたんです。

改めて身のまわりのお店の人を思いうかべると、花屋さんは花屋さんっぽいし、八百屋さんは八百屋さんっぽいと気づきました。そこで、毎日ふれて関わっているとその職業らしい姿になるのだろうと結論づけました。そして、それなら自分もロボットに毎日ふれ続けていたらロボットの仕事ができるようになるはずだ、だからこのまま続けよう、という気持ちになりました。

Q この仕事を目指すなら、今、何をすればいいですか？

ロボットをつくるのも使うのも人間です。人といっしょに働き、人の役に立つよいロボットをつくるには、人をよく知ることが必要だと感じます。ですので、まわりの人をよく見ていいところを見つけ、参考にすることが大切です。

また、気になったことや、わからないことを自分で調べる習慣をつけることも大事ですが、ほかの人を素直に頼ることも同じくらい大切です。そのため、わからないことは聞き、できないことは恥ずかしがらずに人の助けを借りられるようになっておくといいと思います。その方が早くゴールにたどり着けたり、新しいアイデアに出合えたりします。

さまざまな作業現場で人の助けになる協働ロボットをつくっていきたいです

－ 今できること －

ふだんの暮らし　人のとなりで働くロボットは、人の動きと似た動きをするものの方が、周囲にいる人が動きを予測しやすいという点で安心感をあたえます。あらゆる場面で人が体をどう動かしているのかを観察しましょう。

また、ロボット技術を競うコンテスト（ロボコン）が国内外で開かれています。動画サイトでも見られるので、どんなロボットが出場しているかチェックしましょう。それらのロボットが実社会のどんな場面で人の役に立つか、想像をめぐらせてみるのもよいでしょう。

 社会　世の中にどんな産業があるか調べてみましょう。人とともに働くロボットがどんな場所で求められているのかを考える手がかりになります。

 数学　ロボットの動作や制御、センサーのデータ解析において、高度な数学の知識が求められます。多くの練習問題に取り組み、苦手意識をなくしておきましょう。

 理科　運動エネルギーの分野を積極的に学びましょう。電流や気象など、あらゆる理科の単元が、協働ロボットの開発に必要な基礎知識となります。

 英語　海外の研究者とメールやチャットでやりとりすることもあります。記述力と読解力の基礎を身につけましょう。

用語　※ マイコンカーラリー ⇒ ロボット競技大会のひとつ。マイクロコンピューターを搭載して車輪をつけたミニロボットにプログラムを書きこみ、自動でコースを走らせて、タイムを競う競技。

File No.270

自動搬送ロボットの エンジニア

Automatic Transport Robot Engineer

ミラボット
浅川風子さん
入社5年目 26歳

自動搬送ロボット「キャリロ」には、ロボットのおもしろさがつまっています

工場や物流倉庫で、人の代わりに荷物を運ぶ自動搬送ロボットが活躍しています。ロボットを使う人は、ルートや速度などを使いやすいように設定してから使用します。それらを設定するための専用アプリを開発している浅川風子さんにお話を聞きました。

用語 ※ 二次元マーカー ⇒ 多くの情報を格納していて、カメラなどで読み取ることができる目印のこと。

Q 自動搬送ロボットのエンジニアとはどんな仕事ですか？

「キャリロ」は、工場内や倉庫内で荷物を運ぶ台車型のロボットです。ルートを設定することで自動で走行し、いちどに数百kgの荷物を運ぶことができるので、人手不足の解消に役立ちます。私はキャリロを製造・販売する会社で、お客さまがキャリロの設定を行うためのアプリを開発しています。

キャリロ本体にはコンピューターが組みこまれているほか、カメラとセンサーがついています。カメラで床に貼られたシール状の二次元マーカー※を読み取り、マーカーに示されている直進・右折・左折・Uターンなどの指示に従って走行します。センサーでまわりにある物との距離を測りながら走るので、人やものにぶつかることもありません。このように、床にマーカーを貼るだけで導入でき、専用のレールを敷くなどの工事が不要であることがキャリロの強みです。

私の仕事は、お客さまの意見をもとにアプリに新機能を追加することです。要望のなかから、より多くの場面で役立つものを社内で検討し、アプリをプログラミングします。できたプログラムでキャリロが指示通りに動くかをテストし、走行データを収集してアプリを改善します。私は、できたアプリの最終確認までの全工程を担当しています。アプリに不具合がないことが社内で確認できたら、広報担当がアプリを更新したことをお客さまへお知らせします。

新機能の開発は、数日でできることもあれば数か月かかることもあります。このようにしてキャリロは発売後もアップデート※を重ね、よりよい製品へと進化し続けています。

浅川さんのある1日

- 09:00 出社。メール確認、スケジュール確認
- 11:00 チーム打ち合わせ（アプリの新機能、外部機器との連携動作の検証、新規センサーの検証）
- 12:00 ランチ
- 13:00 走行コースづくり、測定器設置作業
- 14:00 キャリロの走行テスト
- 15:00 プログラミング作業
- 18:00 キャリロの電源を切って退社

キャリロの進行方向

床に貼る二次元マーカー（右折用）と、荷物をのせたキャリロ。キャリロの前方下部にあるカメラがマーカーの上を通るときにこのマークを読み取ると、自動で右折する。

キャリロ製作チームのメンバー

● エンジニアリーダー

キャリロに関する技術全体を把握し、チームをまとめる。開発の方向性や資金管理の決定を行い、いろいろな改善案や新機能案のなかから、次に開発する内容を決める。

● アプリエンジニア（浅川さん）

キャリロを使用するためのアプリ開発を行う。タブレットで操作するアプリで、ルートの設定や変更、音声言語の変更、速度調整、障害物センサーの検知範囲の調整などができる。

● ソフトウェアエンジニア

キャリロに望み通りの動きをさせるためのプログラムを書く。例えば、スピードの制御など、キャリロを安全・効率的に動かすために必要なキャリロ本体のプログラムがこれにあたる。

● メカエンジニア

耐久性の高い素材を選定し、使いやすいデザインを考えて、キャリロの本体を設計する。キャリロ専用の付属装置の設計も行う。

● エレキエンジニア

キャリロを動かすための電気回路の設計を担当する。また、電子回路の基板のデザインを考え、搭載するセンサーを選ぶ。

● 品質保証生産担当、修理担当

製品やアプリの品質の最終確認や、生産に向けて作業指示書を作成する品質保証生産担当と、部品交換などを行う修理担当がいる。

用語 ※ アップデート ⇒ 不具合の修正や、新しい要素、機能の追加などを行い、いちど完成したものを新しくすること。

仕事の魅力

Q どんなところがやりがいなのですか？

お客さまとお話をしたとき、自分が関わったロボットが人の役に立っているのを実感してうれしくなります。

また、ロボットが好きなので、いつもロボットにふれていられることもやりがいです。みなさんがふだん目にする完成品のロボットは、きちんと制御された動きをしています。でも、完成するまでは、計算上はできるはずの動きがうまくいかないということもあり、開発途中のロボットはときどき変な動きもします。そういう姿を見られるのがおもしろいです。

ソフトウェアエンジニアとエレキエンジニアの3人で打ち合わせをする。「新機能の追加にともない、電子基板の改良について要望を伝えました」

Q 仕事をする上で、大事にしていることは何ですか？

安全性をいちばん大切にしています。まず、走行中のロボットが人にぶつからないことと、工場・倉庫などのお客さまの施設や大切な商品を傷つけないことが重要です。そのために、あえてスピードが出ない設計や、音や光でロボットの接近を人に知らせる仕組みを取り入れています。

自動搬送ロボットは新しい分野なので、安全面での法律の規制がまだ少なく、制限速度が決まっているわけではありません。お客さまの会社ごとの安全基準に従って制御をし、この工場では音を鳴らす、この倉庫ではライトを点灯させる、など相談しながら対策を決めています。

Q なぜこの仕事を目指したのですか？

子どものころから動物や昆虫など動くものが好きで、動くおもちゃにも興味がありました。小学生のときに、どうしてもほしくなった動く犬のおもちゃをお年玉で買ったんです。その犬のおもちゃは、歌う、綱引きをするなどいろいろなモードがあり、なかでも逆立ちをするモードが魅力的でした。人工的に「動くもの」をつくり出せるロボットの世界に関心をもったのは、このおもちゃがきっかけです。

大学ではロボット工学を専攻し、そこで出会った先輩がアルバイト先としてミラボットを紹介してくれました。ロボットの仕事はやはりおもしろく、卒業後も働くことにしました。

Q 今までにどんな仕事をしましたか？

あるときお客さまから、「同じルートを走らせていると、キャリロの位置が少しずつずれて、やがてルートを外れてしまう」という指摘をいただきました。そこで、キャリロに正しい指令を出すためにアプリの改善が必要と判断し、キャリロの動きを測定する道具をつくってひたすらデータをとりました。

ロボットは、日光の有無などの環境変化の影響を受けて、ほんの少しずつずれながら進むことが多いんです。そのため、キャリロ自身が位置情報を受信し、一定の時間が経てば本来の位置にもどるようには設計されています。データをとったことで、正しい位置にもどすまでの時間の間隔を短くする必要があるとわかり、そのための最適な方法の検証を行いました。

走行テストのためのコースをつくる。「二次元マーカーの上を何度も横切らせてテストします。左右に長いマーカーのどの位置を通過したか、カメラで読み取ったデータを蓄積して分析します」

走行テストでは、二次元マーカーが正確な角度で貼られなければならない。自作の二次元マーカー貼り機を使って、となりあうマーカーがたがいに90度になるように貼る。

4枚のマーカーを配置し、軌道検証のための周回コースが完成。キャリロをぐるぐると走らせて軌道のデータをとる。

Q この仕事をするには、どんな力が必要ですか？

制限のあるなかで物事を追求することを楽しむ力です。ロボットを想定通りに動かすには、あらゆる可能性を考えたり、データを取り続けたりして研究をする必要があります。ただ、お客さまあってのロボット開発なので、時間とお金の制約が大きいという点は研究者とは異なります。

私は、時間とお金をいくらかけても追求してよいとなると、選択肢が多すぎて悩んでしまうタイプです。そのため、「お客さまの仕事に役立つロボットをつくる」という目的に向かって、選択肢が限られているなかで突き詰めて考えることを楽しんでいます。

- 二次元マーカーと二次元マーカー貼り機
- 三脚つき測距センサー
- ロボット翻訳機
- タブレット
- ノートパソコン

Q 仕事をする上で、難しいと感じる部分はどこですか？

お客さまにロボットの弱みを理解してもらうことが難しいです。ロボットというと、決められた通りに完璧に動くイメージがありますが、センサーやモーターが気温や光の影響を受けて計算通りに動かず、止まってしまうこともあります。水や熱に弱いので、屋外で使うこともできません。また、お客さまとしては倉庫をできるだけ多くのものを置く場として使いたいので、キャリロのはばが1mなら通路も1mぴったりでいいだろうと考える人が多いのですが、実際の走行には誤差が生じるため、左右に多少の空間が必要です。

ロボットにもできないことや苦手なことがあると伝え、わかってもらわなくてはなりません。相談を重ねて、できるだけお客さまの要望に近く、実現可能な方法を考えます。

PICKUP ITEM

二次元マーカー貼り機は、ロボットを走行させたい直線に合わせて二次元マーカーを配置するために自作したもの。センサーで対象物との距離を測る測距センサーにも、キャリロを検知するために、浅川さんが三脚をつけた。エラーが発生したら、ロボット翻訳機をノートパソコンにつないでエラー内容を表示させる。キャリロを操作するときは、浅川さんが開発を担当しているアプリをタブレットに表示させる。

毎日の生活と将来

Q 休みの日には何をしていますか？

インドア派で、ゲームをしたりマンガを読んだりすることが多いです。子どものときからイラストを描くのが大好きで、今もよく描きます。私は文章にするよりも絵の方が心のなかを表現しやすいので、感動したことやうれしかったことなどを日記のような感覚で描いています。

夫と山奥まで星空をながめにドライブすることもあります。昔から星を見るのが好きなんです。とくに冬は空気がすんでいるので、防寒対策をして満天の星空を見ています。

「これまでに描いたたくさんのイラスト作品のうちの一部。「女の子をモチーフにすることが多いです」

「昔から、日記代わりにイラストを描いています。気に入った筆記用具なども、イラストにします」

Q ふだんの生活で気をつけていることはありますか？

インターネットや雑誌などを見て、ロボットや機械関連の最新技術や商品の情報を仕入れられるよう、つねにアンテナを張っています。自分の仕事内容とも近い、車の自動運転技術のニュースが最近は気になっています。

日々の体調管理にも気をつけています。社会人になって自由時間が減り、イラストを描く時間も減ってしまったのですが、自分にとって絵を描く時間はストレス解消のために重要だったと気づきました。自由時間を確保するために、やるべきことを早め早めに終わらせる、ということも心がけています。

	月	火	水	木	金	土	日
05:00	睡眠	睡眠	睡眠	睡眠	睡眠		
07:00	食事・準備	食事・準備	食事・準備	食事・準備	食事・準備		
09:00	出社・メール確認	出社・メール確認	出社・メール確認	出社・メール確認	出社・メール確認		
11:00	打ち合わせ	打ち合わせ	プログラミング 打ち合わせ	データ解析など	マニュアル修正		
	プログラミング						
13:00	昼休み	昼休み	昼休み	昼休み	昼休み		
15:00	プログラミング	やることの確認 改良に必要な道具探し	1t積載キャリロの走行試験	プログラミング	プログラミング		
17:00	打ち合わせ資料作成				打ち合わせ	休み	休み
19:00	かたづけ・帰宅	かたづけ・帰宅	かたづけ・帰宅	かたづけ・帰宅	かたづけ・帰宅		
21:00	夕食	夕食	夕食	夕食	夕食		
23:00							
01:00	睡眠	睡眠	睡眠	睡眠	睡眠		
03:00							
05:00							

浅川さんのある1週間

週に5日間、決まった時間に出社して規則正しい生活を送っている。仕事の内容は、打ち合わせとプログラミング作業、キャリロの走行試験がほとんどだ。

用語 ※ファイナンシャルプランナー ⇒ お客さんの生活設計に合わせて、将来必要なお金をどうたくわえていくのがよいかアドバイスを行う専門家。

Q 将来のために、今試みていることはありますか？

将来のためにファイナンシャルプランナー※に相談し、お金に関する人生計画を立てて、ローン※で家を購入しました。

25歳で家を購入する決断をするのは、世間一般からみて少し早いのですが、将来を考えたときに私たち夫婦には最善の選択だと思いました。月々家賃を支払う賃貸でもよかったのですが、希望する物件が、賃貸と同じくらいの金額を毎月ローンで払って購入できることがわかったんです。ペットといっしょに暮らせること、駅から近いことなども、私たちの条件にぴったりでした。さらに、自分たちの資産になることも考えて購入を決めました。

夫婦ともに家で過ごすことが多いので、長時間いる場所にこだわることができてよかったです。仕事にも落ち着いて取り組めそうです。

「これからもたくさん経験を積んで優秀なエンジニアになり、便利なロボットをつくりたいです」

休憩時間に、家計簿をつけられるアプリをチェックする。「夫と協力して、仕事と生活のバランスをとって生きていきたいです」

Q これからどんな仕事をし、どのように暮らしたいですか？

今の仕事がとても楽しいので、この仕事を続けていきたいです。今はまだ、目の前の仕事をこなすのに必死ですし、自分では解決できないキャリロの不具合なども多いのですが、10年、20年後には、もっと多くの事象に対処できるようになっていたいです。

先輩の社員に「この場合はきっと、ここがこわれている」「こういうときはここを変えてみるといい」など、不具合を見ただけで対処方法が予測できる方がいて、とてもかっこいいんです。私もそんなふうになりたいです。

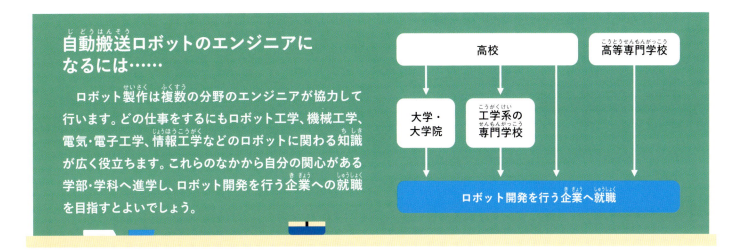

自動搬送ロボットのエンジニアになるには……

ロボット製作は複数の分野のエンジニアが協力して行います。どの仕事をするにもロボット工学、機械工学、電気・電子工学、情報工学などのロボットに関わる知識が広く役立ちます。これらのなかから自分の関心がある学部・学科へ進学し、ロボット開発を行う企業への就職を目指すとよいでしょう。

用語 ※ローン ⇒ 銀行などの金融機関からお金を借りて、あとから少しずつ返していく仕組みのこと。

子どものころ

Q 小学生・中学生のとき、どんな子どもでしたか？

　自然の豊かな地域に住んでいたので、外で遊ぶのが大好きでした。田んぼや小川でカエルやメダカをつかまえて飼っていた経験から生きものが好きになり、やがて「動くもの」全般への興味につながりました。虫などの自然界の生きものの動きをロボットでまねてみることから、ロボットの世界に入る人は多いです。私も大学時代にチョウのように羽を動かして飛ぶロボットをつくりました。ロボットと自然は正反対に思えますが、自然にめぐまれた環境に育ったことが、今の仕事につながっているのだと感じます。

　中学校からは寮生活をしました。思い出に残っているのは、友だちと数人で夜に、学校のグラウンド横の斜面に寝そべって星を見たことです。夜に友だちと遊ぶわくわく感ときれいな星空が、いい思い出になっています。

　好きな科目は、理科と国語でした。どちらの教科も先生が知識を伝えることを楽しんでいる感じがして、聞いている私も楽しくなりました。先生のところへ質問に行くと、質問内容に関する本をすすめてもらえたので、それを読んで知識を深めていました。わからないことは納得がいくまで追求する、そしてそれを楽しむ性格は、このころから変わっていないかもしれません。

浅川さんの夢ルート

小学校 ▶ 保育士
弟と妹が通っている保育施設で子どもたちのお世話をする手伝いをし、保育士にあこがれた。

中学校 ▶ 保育士
保育士にあこがれてはいたが職場体験で自信をなくし、将来についてより考えるようになった。

高校 ▶ 保育士かロボット研究者
2回目の保育士体験をし、自分には無理とあきらめた。家族から大学選びは仕事に直結しなくてもよいと助言をもらい、好きなロボット工学へ進んだ。

大学 ▶ ロボット研究者
大学で学んだロボット工学がおもしろかった。

中学校での学園祭の準備のために工作をしている浅川さん。

「中学校で体験した米づくりの記録です。半年間をかけた本格的な取り組みだったので、勉強になりました」

Q 子どものころにやっておいてよかったことはありますか？

　両親が「ほしいものは自分で買うように」という方針だったこともあり、好きなものを買うためにおこづかいをやりくりする経験ができたことはよかったです。高校生のときには、おこづかいで毎号約2000円の週刊のロボット雑誌を買っていました。毎号少しずつパーツがついてくる雑誌で、節約しながら全号を買ってロボットを完成させました。そのロボットは今でも大切な宝物です。

高校生のときに、週刊のロボット雑誌に付属しているパーツを組み立てて完成させたロボット『ロビ』。「おしゃべりやダンス、いろいろなことができます」

Q 中学のときの職場体験は、どこへ行きましたか？

中学2年生のときに保育園に行きました。小学生のときから将来の夢は保育士になることだったので、いくつかの体験先のなかから保育園を希望しました。私は私立の学校に通っており、関係のある保育園に受け入れてもらうことができました。夏休み中に1週間ほど行った記憶があります。

保育園では、絵本を読んだり、お散歩に同行したりしたのを覚えています。

Q 職場体験ではどんな印象をもちましたか？

かわいい子どもと遊べる楽しい仕事、というイメージで体験に行きましたが、実際は園児に危険がないようにつねに気を張りつめている大変な仕事でした。お昼寝の時間にも連絡帳の記入など事務作業をしていて、休むひまはありません。自分が保育園児だったころは優しい先生たちに毎日遊んでもらって幸せ、と思っていましたが、じつはこんなに厳しい現場だったのかとおどろきました。

これほどの責任感をもちながらよそのおうちの子どもの命を預かる自信はないと感じて、保育士になる夢を断念しました。この体験ができてよかったと思っています。

Q この仕事を目指すなら、今、何をすればいいですか？

英語を勉強しておくと役立ちます。ロボットに関する情報は英語で書いてあるものが多く、開発に使用するアプリも日本語に対応していない場合があるからです。

また、理科や技術の授業で学ぶ、電気や機械の仕組みなど、ロボットに関係の深い分野に関する勉強をしておくことも大切です。好きな分野がすでにあるならそれを極めてもいいですし、全体的に広く浅くでも構いません。電気系の工作キットをつくる、気になる雑誌や動画を見てみるなど、学習方法はたくさんあります。関連する知識が頭に入っていると、会社に入ってから仕事がしやすくなりますよ。

ロボットの強みを活かすことで、人間とロボットが共生する社会を目指します

－今できること－

ふだんの暮らし

学校にプログラミングやパソコンに関する部活があれば積極的に参加しましょう。プログラミングコンテストや日本ジュニア数学オリンピックなど、力を競う場が用意されているので、挑戦してみるとよいです。プログラミングやIT関連の基礎力が身につくでしょう。

世の中にどんなロボットがあるか、図鑑などでくわしく調べることもおすすめです。機会があれば、科学館や博物館のほか、企業の展示スペースで公開されているロボットを見に行くのもよいでしょう。

 数学 データから情報を読み取り、結果を考察する力が必要です。数量や図形の基礎的な知識を身につけましょう。

 理科 理科の授業で学ぶ多くのことがロボット製作に役立つので、得意科目にしておくとよいでしょう。とくに電流や、運動とエネルギーの分野をしっかりと理解しましょう。

 技術 エネルギー変換に関する技術の授業で、基板の製作を通して、電気回路の配線についてや、はんだづけ、点検の仕方を学びましょう。

 英語 ロボットやアプリの機能や最新技術の情報などの多くは英語で説明されています。英語の聞く・話す・読む・書く力を養い、英語を得意にしておきましょう。

File No.271

ガンプラの金型職人
Mold Craftsman for Gundam Plastic Model

BANDAI SPIRITS
中野博貴さん
入社15年目 32歳

©創通・サンライズ

ガンプラファンのみなさんが組み立てやすい商品をつくります

アニメ・ガンダムシリーズに出てくるモビルスーツ（人型ロボット）を忠実に再現した模型玩具「ガンプラ」（ガンダムプラモデル）が、1980年の発売以来、根強い人気です。ガンプラの金型製作を担当している中野博貴さんに、お話を聞きました。

Q ガンプラの金型職人とはどんな仕事ですか?

ガンプラは、樹脂※でできたたくさんの部品を組み立てて楽しむガンダムのプラモデルです。商品箱には、ランナーとよばれる、部品がひとつながりになった材料が何枚かパッケージされています。ランナーから部品を切りはなして手順通りに組み立てることで、できあがったガンプラの腕や足、首を動かして好きなポーズをとらせることができます。

ランナーは射出成形機という機械で生産します。射出成形機は、熱と圧力をかけて樹脂を溶かし、ふたつの金型のすき間に注入してプラスチックを成形する機械です。金型は、溶けた状態の樹脂を流しこんで冷やし固め、成形するための金属でできた型です。生地を鉄板ではさんで焼くたい焼きと似た仕組みで、成形するプラスチックに細かなかたちや模様を写すことができます。私はガンプラ商品を製造する部署で、ランナーを成形するための金型を製作しています。

私たち金型職人は、成形した部品の模様がくっきり出ていない、はみ出した余分な樹脂がくっついている、小さな穴が空いている、などの金型の問題を、手作業で解決します。顕微鏡をのぞきながら、金型の該当部分をヤスリで細かくけずることで、0.01mmのレベルの修正を行うのです。これは機械ではできない、極めて微細な作業です。

巧みな技術は、メンテナンスでも活かされています。金型は何年も使っているうちに傷がついたりすり減ったりするので、手作業で修理します。ガンプラの金型は古くなっても廃棄せず使っており、発売当初の金型は今も現役です。

初代ガンプラの金型と、成形されたランナー。このころは白一色だった。

金型の一部分。所定の枠内に、それぞれの部品の型がうめこまれている。左から、ガンダムの両足、シールド(盾)、ビームライフルの型。

ランナーを成形する射出成形機。「技術が進み、今では1枚のランナーに複数の色を使って成形できます」

ガンプラ商品製造の流れ

❶ 商品を企画する
企画担当が「どんなガンプラにするか」を考えて企画書を書く。テレビやゲームなど、メディアでの展開に合わせて考えることもあれば、雑誌・アニメ誌の投稿欄やSNSにあるファンの声を参考にすることもある。

▶ **❷ 開発する**
開発・設計・金型のそれぞれの担当者が話し合う。例えば「劇中のように片膝立ちができる」など、アニメの印象的なシーンを再現する案などを盛りこむ。企画が決定したら、設計担当がそれぞれの部品を設計する。

▶ **❸ 金型を製作する(中野さん)**
設計データをもとにさまざまな自動加工機械で金属を彫り、金型を製作する。金型のかみ合わせや細部の模様、部品を組み立てる際のはめ心地まで確かめながら、0.01mm単位の微細な調整を職人の手で行う。

▶ **❹ 生産する**
射出成形機に、金型と、材料となる樹脂をセッティングし、ランナーを成形する。

▶ **❺ 出荷する**
組み立てに必要な分のランナーと説明書を商品箱に入れ、取りあつかっている店へ出荷する。

用語 ※樹脂 ⇒ プラスチックの材料となる物質。加熱することで成形できる。本来は樹木からにじみ出て固まる性質のある物質をさすが、工業の分野では、石油などの原料から化学的につくられる「合成樹脂」をさす。

仕事の魅力

Q どんなところがやりがいなのですか？

世の中にはさまざまな金型製作の仕事がありますが、例えば、組み立ててから出荷される商品の、一部品を製作する場合、それらの部品は商品の内部にかくれて、外観からは存在もわかりません。その点ガンプラは、部品それぞれがお客さまが目にすることのできる商品です。そのため、商品を自分の手で生み出した、という達成感を得られます。

入社して3年目に、Zガンダムという、アニメシリーズ2作目の主人公が乗る機体の商品の金型修理を、初めてまかされました。難しくてどうすればうまくいくかがわからず、何度もやり直しました。やっと完了し、お店でお客さまが商品の箱を手にとって購入してくれるのを目にしたときの「やってよかった」という気持ちは、忘れられません。

試作で成形したランナーをじっくりと見て、金型の調整すべき部分を検討する。

Q 仕事をする上で、大事にしていることは何ですか？

新しい金型の試作の工程では難易度の高さに頭を悩ませる場面がたくさんありますが、妥協せずに、設計担当が設計したデータの通りのかたちをつくることを大事にしています。設計担当が思い描いている理想のロボット像があり、それはファンにとっても理想のロボットなのだと思います。ものづくりの現場にいる職人の現実的な考えだけでは、ファンをわくわくさせる商品にはなりません。

そのためには、企画や設計の人たちと細かく連絡をとることが大事です。企画での譲れないポイントやそれらの優先順位をきちんと聞いて、金型の製作に活かします。

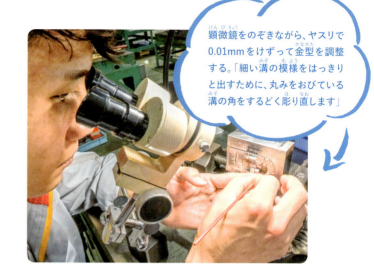

顕微鏡をのぞきながら、ヤスリで0.01mmをけずって金型を調整する。「細い溝の模様をはっきりと出すために、丸みをおびている溝の角をするどく彫り直します」

Q なぜこの仕事を目指したのですか？

父が大工だったので、幼いころから木で何かをつくることをしていました。夏休みの自由研究は木工作品を出しましたし、勉強机やイスも自分でつくりました。そんな環境だったためか、手先が器用でものづくりが得意だったんです。

中学で進路を考えたとき、将来なりたいものが明確になかったので、手先の器用さを活かせそうな工業高校へ進みました。高校3年生のとき、たまたまテレビで、現在の職場である静岡市のバンダイホビーセンターが取材されている番組を見たんです。顕微鏡をのぞきながら極めて微細な加工をする金型職人を見て、やりたいのはこれだと思いました。

中野さんのある1日

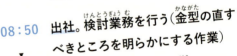

- 08:50 出社。検討業務を行う（金型の直すべきところを明らかにする作業）
- 11:00 部下に検討の仕方を指導する
- 12:00 ランチ
- 13:00 金型の修理をする
- 15:30 新商品の企画について打ち合わせる
- 16:30 新商品のランナーの試作結果の改善点を資料にまとめる
- 17:30 退社

Q 今までにどんな仕事をしましたか？

入社後は11年間、金型チームで働きました。7年目にプラスチック成形技能士（射出成形作業）※2級を取得しました。
その後、金型作業の次の工程を行う成形チームへ異動し、成形技術を身につけました。さらに生産工程で袋づめ作業にたずさわるなど商品製作の流れをひと通り経験し、今は金型・成形チームのチーフとして後輩の指導もしています。
成形技術の進歩はめざましく、1枚のランナーに異なる性質の樹脂を使って成形することで、動く部品そのものをランナーに組みこむこともできるようになりました。これらの技術革新を現場で見てきたことも、貴重な体験でした。

Q 仕事をする上で、難しいと感じる部分はどこですか？

頭で理解したことが、そのまま作業でできるとは限りません。わかっているのに、自分の手がその動きをしてくれない、というような難しさがあります。指先を0.01mm単位で動かすには、鍛錬が必要なんです。
さらに言えば、金型職人としてのセンスがあるかないかで、その人のたどりつける領域が変わるのではないかなと思っています。たくさんの経験を積めば、だれでも一定の領域まではいけます。ただし、そこからさらに先の技術を習得するには、生まれもった感性やセンスが必要かもしれません。自分にそれがあるとは思っておらず、ひたすら上達を目指して数をこなすしかないと思っています。

Q この仕事をするには、どんな力が必要ですか？

失敗してもへこたれず、あきらめずに、何度でもチャレンジする精神です。
最初にまかされた金型修理のときの苦労は、大変なものでした。この仕事では、10回以上やり直してもうまくいかない、ということがよくあります。そんなときは、いつまでこれをやっているのか、一生完成できないのではないか、と絶望的な気分になります。けれどもそこでふんばって、何回でも食らいつき、あきらめない強さが必要です。
新技術の開発も同じです。決してあきらめないチャレンジ精神が、これまでにない技術を生み出すのだと思います。

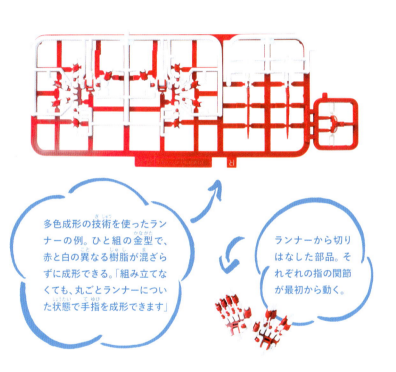

多色成形の技術を使ったランナーの例。ひと組の金型で、赤と白の異なる樹脂が混ざらずに成形できる。「組み立てなくても、丸ごとランナーについた状態で手指を成形できます」

ランナーから切りはなした部品。それぞれの指の関節が最初から動く。

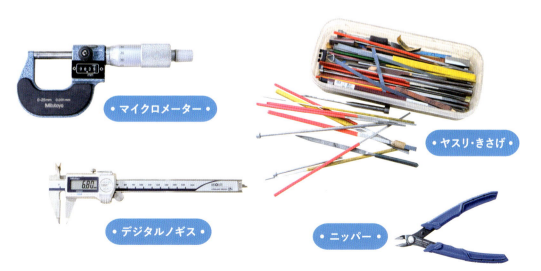

・マイクロメーター・
・デジタルノギス・
・ヤスリ・きさげ・
・ニッパー・

PICKUP ITEM

金型の修理や調整に使う道具。マイクロメーターとデジタルノギスで、調整部分の厚みやはばを正確に測る。実際の調整には、ヤスリや、きさげとよばれる彫刻刀のような道具を使う。さまざまな形状の部品の型があるので、これだけたくさんのヤスリやきさげが必要だ。ニッパーは、ランナーから部品を外すときに使う。

用語 ※プラスチック成形技能士（射出成形作業）⇒ 国家資格のひとつで、プラスチック製品の成形に必要な技能のうち、射出（金型を使って溶かした樹脂を成形する方法）で成形する技能を認定するもの。

毎日の生活と将来

Q 休みの日には何をしていますか？

2歳になる子どもがいるので、ご飯を食べさせたり、お風呂に入れたりして、毎日をいそがしく過ごしています。犬を飼っているので、犬もいっしょに泊まれるホテルを探して家族で旅行することもあります。

アニメを観たりマンガを読んだり、スノーボードをしたりすることも好きなのですが、今は子育てにいそがしいので、子どもがもう少し大きくなったらまた楽しもうと思っています。

「活発に動きまわる子どもの相手をするには、体力がいりますが、毎日が充実しています」

「犬の種類は、ミニチュア・シュナウザーといいます。子どもといっしょに散歩をします」

Q ふだんの生活で気をつけていることはありますか？

買い物をするとき、ガンダム関連の商品売り場があったら、どのガンプラが何個くらい置いてあるか、つい確認してしまいます。

雑貨店や100円均一ショップでは、さまざまなプラスチック製品に目がいきます。どんな金型でつくられているか、だいたい想像できるので、金型構造や調整方法の参考にしています。ただし、どの商品を見ても、私たちがつくっているガンプラほど精巧なつくりのものはなかなか見あたりません。

中野さんのある1週間

	月	火	水	木	金	土	日
05:00	睡眠	睡眠	睡眠	睡眠	睡眠		
07:00	食事・準備	食事・準備	食事・準備	食事・準備	食事・準備		
09:00	出社	出社	出社	出社	出社		
11:00	試作品の検討／部下へ指示出し	試作品の検討／部下へ指示出し	試作品の検討／部下へ指示出し	試作品の検討／部下へ指示出し	試作品の検討／部下へ指示出し		
13:00	昼食／金型製作・修理	昼食／金型製作・修理	昼食／金型製作・修理	昼食／金型製作・修理	昼食／金型製作・修理		
15:00	ミーティング	ミーティング	ミーティング	ミーティング	ミーティング		
17:00	課題を書き出す／帰宅	課題を書き出す／帰宅	課題を書き出す／帰宅	課題を書き出す／帰宅	課題を書き出す／帰宅	休み	休み
19:00	夕食、子どもの世話	夕食、子どもの世話	夕食、子どもの世話	夕食、子どもの世話	夕食、子どもの世話		
21:00							
23:00							
01:00	睡眠	睡眠	睡眠	睡眠	睡眠		
03:00							
05:00							

週5日、出社して規則正しく働いている。出社時間も帰宅時間もほぼ同じなので、生活のリズムを維持しやすい。

Q 将来のために、今努力していることはありますか？

日本にはたくさんの金型をつくる会社がありますが、働き手が減っている上に担い手が高齢化し、会社の数がどんどん減っています。職人のひとりとしてこの状況が心配になったので、異業種の金型を製作している会社とやりとりをしたり、工場見学をしたりしています。

金型製作の仕事には、地味なイメージや重労働といったイメージをもつ人がいるかもしれませんが、産業ロボットが活用されるようになり、労働環境はよくなっています。また、いくらロボットが発達したとしても最後は人間の手による技が必要とされるので、なくならない仕事だと思います。若い人たちにこの仕事の魅力を知ってもらうために、何ができるか考えています。

新商品の試作品について各部署の担当者と打ち合わせをする。「力を合わせて、多くの人に喜ばれる商品をつくります」

ランナーを見ながら、金型の改善点の探し方を後輩に指導する中野さん。中野さんの職場では、ガンダムのアニメの登場人物が着ている制服のようなユニホームを着用している。

Q これからどんな仕事をし、どのように暮らしたいですか？

2020年に神奈川県横浜市で、動く実物大ガンダムの展示プロジェクトがありました。たずさわったエンジニアたちは、アニメのガンダムやガンプラに影響を受けていると聞きました。ガンプラがロボットへのあこがれの入り口となり、実際にロボットを動かす原動力になったことに誇りを感じます。

一方で、プラモデルで遊ぶことがもっと一般的になればよいなと思っています。バンダイスピリッツでは、小学校でプラモデル授業を行うなどさまざまな活動をしていますが、マンガやアニメと比べて、だれにとっても身近な文化にはまだなっていません。金型職人として技術を進化させ、多くの人に気軽に遊んでもらえる商品を世界中に届けたいです。

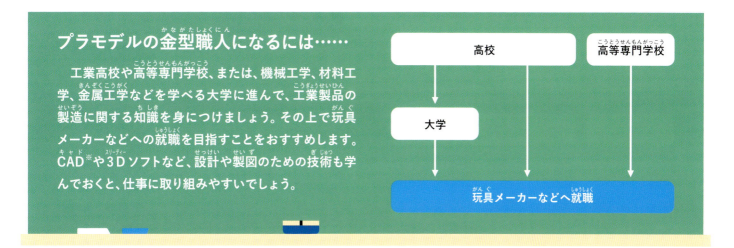

プラモデルの金型職人になるには……

工業高校や高等専門学校、または、機械工学、材料工学、金属工学などを学べる大学に進んで、工業製品の製造に関する知識を身につけましょう。その上で玩具メーカーなどへの就職を目指すことをおすすめします。CAD※や3Dソフトなど、設計や製図のための技術も学んでおくと、仕事に取り組みやすいでしょう。

用語 ※CAD ⇒ 乗り物や建物、機械製品などの設計図をつくるためのソフトウェア。数値を計算しながら設計図をつくることができる。

子どものころ

Q 小学生・中学生のとき、どんな子どもでしたか？

ひたすらスポーツに打ちこんでいました。

小学生のときは家族にすすめられて地域の一輪車クラブに入っており、日本代表として一輪車の世界大会に出場しました。けれどもじつは、一輪車は女子の競技人口が圧倒的に多く、男子は少なかったので代表になれたのかな、というもやもやした思いがありました。

中学校では野球部に入りました。たまたま強豪チームだったこともあり、地獄のように厳しいトレーニングの毎日でした。やめたくて仕方がありませんでしたが、もう少し、もう少しと続けて、最後までやりました。この経験であきらめない粘り強さが身についたと思うので、今となってはやってよかったです。昔からの友人に「中学生のときに性格が変わったよね」と言われたことがあるので、野球部での毎日が自分に大きな影響をあたえたと思います。

高校でも野球を続けたかったのですが、練習につきそってもらう家族の負担を考えて、弓道部に入りました。みんなが未経験で、スタートラインがいっしょの競技だということも動機のひとつでした。この競技でも練習に打ちこみ、全国大会に出場しました。

勉強は、学校以外ではほとんどしませんでした。好きだったのは理科と美術で、得意だったのは体育です。

中野さんの夢ルート

- 小学校 ▶ とくになし
  将来についてとくに考えていなかった。
- 中学校 ▶ とくになし
  手先の器用さを活かせるかもしれないと考え、工業高校へ進学した。
- 高校 ▶ 金型職人
  就職活動の期間中にたまたま見たテレビ番組でバンダイスピリッツの金型職人の仕事を知り、「やりたいのはこの仕事だ」と確信した。

安室奈美恵のアルバム『PLAY』。「当時大好きで、弓道部の試合前に集中力を上げるためにひたすら聴いていましたね」

野球部で活動する中学1年生の中野さん。「とてもきたえられました」

Q 子どものころにやっておいてよかったことはありますか？

スポーツに打ちこむ経験をしてきてよかったです。目標を設定し、達成に向けて足りないものは何か、そのために何をするか、どうすれば結果につながるのかを本気で考えた経験は、財産になりました。

やっておけばよかったと思うのは英語の勉強です。ガンプラのファンは今、世界中にいて、その人たちの反応をSNSで見ることができます。翻訳機能を使えば読むことができますが、そのまま読めたらよいのにと思います。

Q 中学のときの職場体験は、どこへ行きましたか？

2年生のときに2日間スーパーへ行き、店員さんの仕事を体験しました。行きたい体験先へ、自分たちで電話をして申しこんだ記憶があります。スーパーではひたすら品出しの作業をしました。事前学習の記憶はありませんが、体験後に、クラス内で報告会をしました。

Q 職場体験ではどんな印象をもちましたか？

品出しの作業自体は簡単でしたが、広い店内の細かな部分まで把握するのは大変だろうなと感じました。それに、品出しと同時にお客さんへの対応も求められるのですが、両方に対応することができず、困りました。

体験中に、ちょっと気難しそうなお客さんに「海苔はどこにあるの？」と聞かれ、わからなくてあたふたしたら、ますますイライラされてしまったんです。ベテランの店員さんがそのお客さんをうまくなだめてくれて、すごいなと思いました。商品の場所もすべて、頭に入っているんですよね。

どの仕事にもその道を極めたプロがいて、その人たちから、ものやサービスを提供してもらっているのだと気づかされ、尊敬の気持ちがわいた記憶があります。

Q この仕事を目指すなら、今、何をすればいいですか？

ものづくりが好きだとよいです。ガンプラの組み立てはものづくりの楽しさを味わわせてくれるので、機会があれば取り組んでみてください。

また、人をわくわくさせる商品を生み出し、世界中のファンに喜んでもらう仕事をするには好奇心やチャレンジ精神が必要です。それらを育むために、何か好きなことに時間をかけて本気で取り組む経験をしてほしいです。目標を達成するための計画を本気で考え、実行することが大切です。それでも必ず、途中でうまくいかなくなるものなので、そこであきらめずに、ほかのやり方を探してみるとよいと思います。

子どもたちの将来なりたい職業に、ものづくりの仕事がランクインする未来をつくっていきたいです

− 今できること −

 ふだんの暮らし
ものづくりに関する課外活動や学外のワークショップに参加して、機械や道具のあつかい方などを学び、何かをつくる経験を重ねることをおすすめします。同時に、身のまわりにあるプラスチック製品を観察して、どのようにつくられているかを想像してみましょう。

部活動や、文化祭・体育祭などの学校イベント、習い事などに熱心に取り組むこともおすすめです。計画を立てること、集中してやり続けること、最後まであきらめずに成し遂げることを体験しておくとよいでしょう。

 数学 立体の製造には空間を認知する力が必要です。平面図形や空間図形の単元では、図形に対する感覚的な見方や考え方を深めましょう。

 美術 作品に取り組む際は、細部まで丁寧な作業を心がけましょう。また、材料や用具、表現方法の全体から判断して制作手順を考えるなど、完成までの見通しをもちましょう。

 技術 ものづくりの学習活動を通して、材料と加工、エネルギー変換、情報に関する基本的な知識や技術をしっかりと学びましょう。

 英語 海外の人の意見や考えを理解しやすくするために、英語を聞く力・読む力をのばしましょう。

仕事のつながりがわかる

ロボットの仕事 関連マップ

ここまで紹介したロボットの仕事が、それぞれどう関連しているのかを見てみましょう。

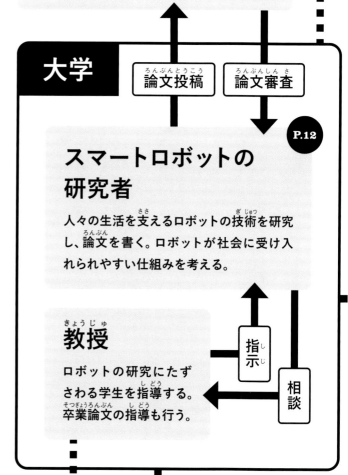

消費者

ガンプラのメーカー

ガンプラの金型職人 (P.36)
アニメ・ガンダムシリーズに登場する機体を忠実に再現するためのプラモデルの金型をつくる。微細な調整を手作業で行う。

商品企画担当
新しいガンプラ商品を企画する。アニメやゲームなどのメディアでの展開に合わせて企画することもあれば、ファンの声を参考にすることもある。

ロボット技術関連の学会
ロボット研究にたずさわる人たちが研究成果を発表する場。その内容が科学的に正しいかの検討や論議を行う。国内学会だけでなく、国際学会もある。

大学

スマートロボットの研究者 (P.12)
人々の生活を支えるロボットの技術を研究し、論文を書く。ロボットが社会に受け入れられやすい仕組みを考える。

教授
ロボットの研究にたずさわる学生を指導する。卒業論文の指導も行う。

小学校
ロボットに興味をもつ生徒を増やすため、授業内容や教材を工夫する。授業でプラモデルの組み立てを行うことで、ものづくりの楽しさを体験できる取り組みもある。

自治体
防災計画を立て、防災のための予算を立てて住民の安全を守る。自治体や公共施設の備品として、ロボットをはじめとした設備を導入する。

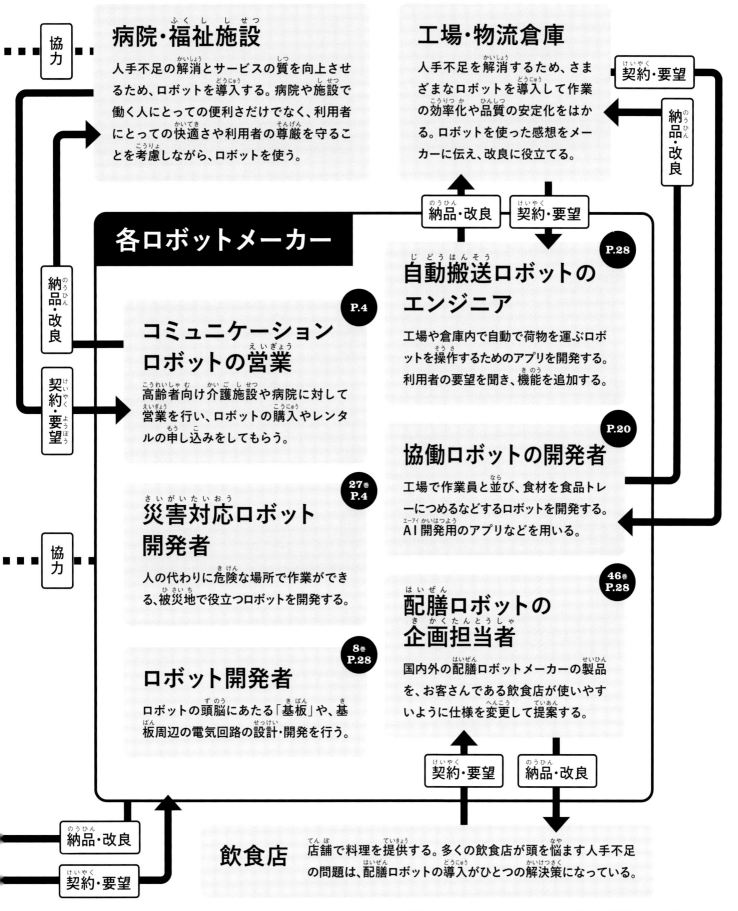

これからのキャリア教育に必要な視点 48
ますます期待される ロボットならではの役割

▶ 社会で活躍するロボット

ロボットは「センサー、知能・制御系、駆動系という3つの要素を備えた機械」と定義されています。人間に例えると、センサーは五感、知能・制御系は脳、駆動系は手足をさします。日本のロボットの歴史は1969年、日本初の国産産業用ロボット「川崎ユニメート2000型」が誕生したことに始まります。自動車の生産スピードを上げるため、その後も溶接用、塗装用といった産業用ロボットが活躍しました。そして現在は、飲食店での配膳ロボットやロボット掃除機など、多くの場所でロボットを見かけるようになっています。

なかでも近年注目されるのが、被災した人の捜索や救助活動を行う災害用ロボットです。例えば、消防車の入れない細い道でも消火活動ができるロボットなどが実際に活躍しています。このようにロボットには、産業用ロボットのような「人の作業の代行」、災害現場での「人の手には負えない危険な作業の遂行」、日常生活で家事や介護をサポートする「日常生活支援」の3つの役割への期待が、ますます高まっています。また、人の体内の治療など、医療現場で活躍する極小サイズのロボットも、実用化が期待されています。

▶ メーカーと学校の協力体制をつくる

ロボットが求められる大きな理由は、少子高齢化による労働力の減少です。これまで人間が行っていた作業を自動化・効率化することで、24時間体制で生産することが可能になり、品質の安定化もはかることができます。

世界で活躍する産業用ロボットの約半数は日本製です。一方で、ピーク時の1990年代に比べると比率が大はばに低下していること、ロボットエンジニアが不足していることが指摘されています。ふたたび世界をリードする人材を生み出すには、国や企業、教育現場が一体となった取り組みが不可欠です。そこで2020年、経済産業省が主導する「未来ロボティクスエンジニア育成協議会」が発足しました。ロボ

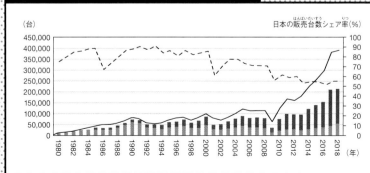

世界の産業用ロボット年間出荷台数の推移

凡例
- 日本製ロボット輸出台数
- 日本製ロボット国内向け出荷台数
- 全世界出荷台数
- 日本製ロボットシェア率

出典：経済産業省『ロボットを取り巻く環境変化と今後の施策の方向性』ロボットによる社会変革推進会議（2019年）

世界の産業用ロボット販売台数は2013年から2017年の5年間で2倍に増加した。1990年代、日本の販売台数のシェアは約9割を誇り、「ロボット大国」とよばれていたが、現在では中国などが勢いをのばし、日本のシェアは5割程度になっている。

提供：東京消防庁

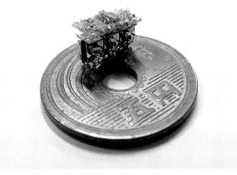
提供：日本大学ロボティクスソサエティ（NUROS）

左の写真は、東京消防庁の消防ロボット（無人走行放水車）。2024年1月に起きた羽田空港の衝突事故で消火活動を行い、すみやかな人命救助に役立った。右の写真は、日本大学で開発中のマイクロロボット。五円玉よりも小さい4.5mmサイズに挑戦し、医療をはじめさまざまな分野に役立つ技術開発を目指す。

ットメーカーや教育機関も参画し、最新の技術や傾向をふまえた教師向けの研修などを実施したのです。企業と学校の協力体制をつくり、教師が得た知識を授業に取り入れることで、ロボットに興味をもつ学生を増やすことが目的です。

▶ ロボットの本質を見失わないで

2024年度から小学2年生のある国語の教科書に「ロボット」の単元が追加されました。子どもたちにとってロボットはますます身近になっています。この仕事に魅力を感じる子どもに接する際に大切なのは、「ロボットに何をさせたいのか」という本質的な問いをくりかえすことです。今後はもっと技術が発展し、ロボットを開発する上でプログラミングの知識は不要になる時代が来ます。そのときに必要不可欠なのは、「人や社会に貢献したい」という意識です。

この本にはガンプラの金型職人が登場します。昭和の時代、ロボットのイメージは『機動戦士ガンダム』などのテレビアニメやマンガに代表されるように、人型が一般的でした。今活躍しているロボットは、人間の腕のような形状をしていたり、複数のロボットが組み合わさっていたりとさまざまです。かつて人々が夢見たロボットとかたちはちがっても、「人や社会の困り事を解決する」という本質は変わりません。

この本に登場する協働ロボットの開発者は、「見慣れた景色のなかにも、気にしてみると意外と新しい発見があります」「人の役に立つよいロボットをつくるには、人をよく知ることが必要だと感じます。ですので、まわりの人をよく見ていいところを見つけ、参考にすることが大切です」と語っています。彼が話すように、社会の課題を解決するには、視野を広げることが第一歩になります。

飲食、農業、介護などの分野で、身近なロボットの活用例を見たり、使っている人の話を聞いたりして、ロボットがどんなふうに社会に役立っているかを観察してみましょう。そして、自分だったらどの分野で、どんなロボットを使って社会に貢献できるかを考えてみてください。

PROFILE
玉置 崇（たまおき たかし）

岐阜聖徳学園大学教育学部教授。
愛知県小牧市の小学校を皮切りに、愛知教育大学附属名古屋中学校や小牧市立小牧中学校管理職、愛知県教育委員会海部教育事務所所長、小牧中学校校長などを経て、2015年4月から現職。数学の授業名人として知られる一方、ICT活用の分野でも手腕を発揮し、小牧市の情報環境を整備するとともに、教育システムの開発にも関わる。
文部科学省「校務におけるICT活用促進事業」事業検討委員会座長をつとめる。

構成／酒井理恵

さくいん

あ

IT ……………………………… 6、9、10、15、35

アップデート ……………………………… 29

アプリ（アプリケーション）… 9、28、29、30、31、33、35、45

アプリエンジニア ……………………… 29

ウェアラブルデバイス ……………………… 17

AI ……………………… 5、9、13、19、21、23

AI開発 ……………………………… 13、45

エレキエンジニア ……………………… 29、30

か

角膜移植 ……………………………… 10、11

学会 ……………………… 13、14、16、17、44

金型 ……………… 36、37、38、39、40、41、44

金型職人 ……………… 37、38、39、41、42

ガンプラの金型職人 ……………… 36、37、44、47

基礎開発 ……………………………… 21

基板（電子基板） ……… 24、29、30、35、45

CAD ……………………………… 41

競技用ロボット ……………………… 26

協働ロボット ……………………… 20、21、27

協働ロボットの開発者 ……… 20、21、25、45、47

クラウド ……………………………… 8、9

研究テーマ ……………………… 13、15、24

国際ロボット展 ……………………… 14

コミュニケーションロボット ……………… 7、11

コミュニケーションロボットの営業 ……… 4、5、9、45

さ

産業用ロボット（産業ロボット）……… 21、41、46

自動運転 ……………………………… 23、32

自動搬送ロボット ……………………… 28、30

自動搬送ロボットのエンジニア ……… 28、29、33、45

ジャグリング ……………………………… 22、24

た

射出成形機 ……………………………… 37

樹脂 ……………………………… 37、39

職場体験 ……………… 11、19、27、34、35、43

スマートロボット ……………… 12、13、15

スマートロボットの研究者 ……… 12、13、17、44

3Dプリンター ……………………… 22、23

生産技術 ……………………………… 21

生成AI ……………………………… 11

ソフトウェア ……………………… 21、41

ソフトウェアエンジニア ……………… 29、30

ソフトウェアの実装 ……………………… 16

た

データ解析 ……………………… 14、19、27

な

二次元マーカー ……………… 28、29、30、31

日本学術振興会特別研究員 ……………… 15

は

人型ロボット ……………………… 5、19、36

ファイナンシャルプランナー ……………… 32、33

プラスチック成形技能士（射出成形作業）……… 39

フレックスタイム制 ……………………… 16

プログラミング …… 16、19、21、23、24、26、29、32、35、47

補助金 ……………………………… 7、15

ま

マイコンカーラリー ……………………… 26、27

メカエンジニア ……………………… 29

モーター ……………………………… 21、31

ら

ローン ……………………………… 33

ロボコン（ロボットコンテスト）……… 26、27

ロボット工学 ……………… 17、19、25、30、33、34

論文 ……………… 13、14、15、16、17、18、26、44

【取材協力】

富士ソフト株式会社　https://www.fsi.co.jp/
早稲田大学 次世代ロボット研究機構　https://www.waseda.jp/inst/fro/
株式会社アールティ　https://rt-net.jp/
ミラボット株式会社　https://www.mirabot.co.jp/
株式会社 BANDAI SPIRITS　https://www.bandaispirits.co.jp/

【写真協力】

東京消防庁　p47
日本大学ロボティクスソサエティ(NUROS)　p47

【解説】

玉置 崇（岐阜聖徳学園大学教育学部教授）　p46-47

【装丁・本文デザイン】

アートディレクション／尾原史和（BOOTLEG）
デザイン／坂井 晃・角田晴彦（BOOTLEG）

【撮影】

土屋貴章　p4-11、p20-27
平井伸造　p12-19、p28-43

【執筆】

酒井理恵　p4-11
安部優薫　p12-27
山本美佳　p28-35
鬼塚夏海　p36-43

【イラスト】

フジサワミカ

【企画・編集】

佐藤美由紀・山岸都芳（小峰書店）
常松心平・鬼塚夏海（303BOOKS）

キャリア教育に活きる！
仕事ファイル48
ロボットの仕事

2025年4月6日　第1刷発行

編　著　小峰書店編集部
発行者　小峰広一郎
発行所　株式会社小峰書店
　　　　〒162-0066　東京都新宿区市谷台町4-15
　　　　TEL 03-3357-3521　FAX 03-3357-1027
　　　　https://www.komineshoten.co.jp/
印　刷　株式会社精興社
製　本　株式会社松岳社

© 2025 Komineshoten Printed in Japan
NDC 366　48p　29×23cm
ISBN978-4-338-37301-2

乱丁・落丁本はお取り替えいたします。
本書の無断での複写（コピー）、上演、放送等の二次利用、翻案等は、
著作権法上の例外を除き禁じられています。本書の電子データ化な
どの無断複製は著作権法上の例外を除き禁じられています。代行業
者等の第三者による本書の電子的複製も認められておりません。

第7期 全5巻

㊳ ライフラインの仕事

原油調達オペレーター、鉄道保線員
送電用鉄塔工事の現場監督
エネルギープラントのプロジェクトエンジニア
ネットワークインフラエンジニア

㊴ デザインの仕事

近距離モビリティ設計者、公共トイレの設計者
WEBグラフィックデザイナー、ランドスケープデザイナー
コミュニティデザイナー

㊵ ケアの仕事

アスリート専門のスリープトレーナー
トリマー、柔道整復師専任教員、助産師
大人用紙おむつアドバイザー

㊶ 子どもの仕事

アトラクション製品メーカーの営業担当
栄養教諭、玩具の試作開発者
助産師ユーチューバー、児童心理司

㊷ 起業家の仕事

食用バラの6次産業化経営
スタートアップ企業の経営
仕事と住居問題を解決するソーシャルビジネス運営
ファッションブランド経営、授業開発者

第8期 全5巻

㊸ 動画の仕事

料理動画クリエイター、映像監督
映像制作用カメラ企画スタッフ
クリエイティビティ・エバンジェリスト
配信用映画の調達担当者

㊹ 流通の仕事

郵便物等の輸送企画担当者
ファッションECサービス運営会社の物流拠点スタッフ
総合スーパーの食器バイヤー
マグロ仲卸会社の営業担当者
LNG輸送プロジェクトの営業担当者

㊺ 笑いの仕事

芸人、落語家、放送作家
お笑いライブの制作会社スタッフ
ラジオ番組ディレクター

㊻ AIの仕事

生成AI活用アプリの開発者、AI開発支援アプリの開発者
内視鏡AI開発者、配膳ロボットの企画担当者
AI専門メディア編集長

㊼ 職人の仕事

バイオリン職人、寿司職人、ジュエリー作家
靴職人、左官職人

第9期 全5巻

㊽ ロボットの仕事

コミュニケーションロボットの営業
スマートロボットの研究者
協働ロボットの開発者
自動搬送ロボットのエンジニア
ガンプラの金型職人

㊾ ゲームの仕事

ゲームデザイナー、キャラクターデザイナー
声優、ボードゲーム編集者
リアル謎解きゲームの企画営業

㊿ インバウンドの仕事

ホステルのマネージャー、旅行プランナー
ヴィーガンレストランのプロデューサー
防災アプリディレクター
インバウンドメディアの運営

㉛ 伝統芸能の仕事

能楽師、箏奏者、歌舞伎の衣裳方
舞台プロデューサー、郷土芸能道具の職人

㉜ ライフイベントの仕事

ジェンダーフリー・ウエディングプロデューサー
ユニバーサルデザインの晴れ着店スタッフ
エンディングプランナー
和菓子店の店長、フローリスト